# 9割受かる勉強法

An effective learning method : achieving a high percentage of success

9割式勉強法マイスター
松原一樹

ダイヤモンド社

# はじめに

## 大学受験・資格試験・TOEIC®・公務員試験など、すべての勉強に使える！
## 3日で「偏差値29→62」！　4カ月で「偏差値29→72」！
## 東大・早慶・国公立などに90%の合格率を誇る勉強法

「9割受かる勉強法（以下、9割式勉強法）」は、大学受験をはじめ、ＴＯＥＩＣ®、公務員試験、国家試験など、さまざまな「資格試験」に応用できる戦略的な勉強法です。

ぜひ、社会人の方にも、受験生の方にも、お読みいただきたい内容です。

その特徴は大きく分けて「4つ」あります。

**【1】勉強にもっとも大切な「やる気」を継続させる方法**

**【2】現在の学力レベルを知り「基礎力のモレとヌケ」を徹底的になくす**

**（科目ごとの「キモ」を理解し、「3ステップ」で学力をアップさせる）**

**【3】2000冊から厳選した「市販の参考書だけ」で合格を目指す**

**（※社会人が勉強する際の「効率的な学び直し」にも最適）**

**【4】「論理的な思考力」を鍛えることで、すべての科目の成績を上げる**

といった「4つのメソッド」を組み合わせ、「最短距離」で合格を目指すものです。

「9割式勉強法」であれば、なんと3日で「偏差値29→62」や、わずか4カ月で「偏差値29→72」も夢ではありません。

僕の元を訪れる受験生は、そのほとんどが、「不安」や「逆境」にまみれています。けれど、「4つのメソッド」で東大・早慶・国公立などに9割受かる勉強法」を知り、全員がそこから立ち上がっていきます。

## この方法を実践すれば「9割」受かる

**【1】**

**勉強にもっとも大切な「やる気」を継続させる方法**

**【2】**

**現在の学力レベルを知り、「基礎力のモレとヌケ」を徹底的になくす。3ステップで学力をアップさせる**

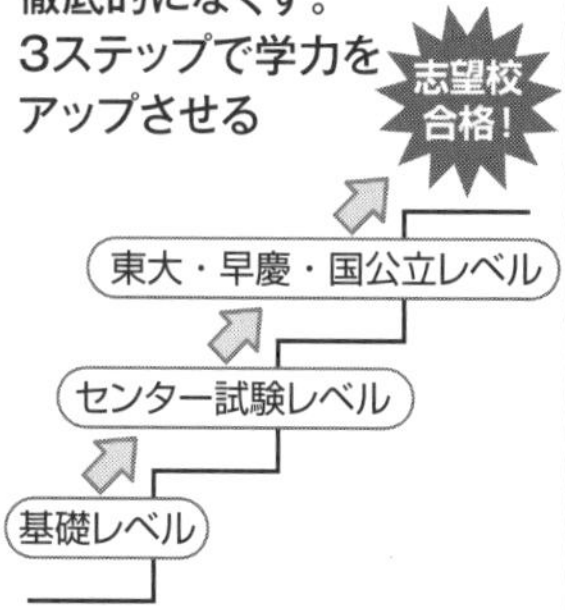


**【3】**

**2000冊から厳選した「市販の参考書だけ」で合格を目指す**

※社会人が勉強する際の「効率的な学び直し」にも最適

**【4】**

**「論理的な思考力」を鍛えることで、すべての科目の成績を上げる**

僕は現在「インターネット予備校ロジック」（http://www.netaruze.com/）と「早慶合格実践会」（http://miraken.com/）というスクールで、受験生を指導しております。僕の指導する生徒たちは「9割式勉強法」を実践し、大きく変わりました。

「親からも、友だちからも、先生からも、だれからも認められたことがない」と嘆いた受験生が、はじめて人に認められ、大学に合格し、「なりたい自分」を思い描いているのです。

青春期の高校生にとって、大学受験ほど「大きな壁」はありません。けれど、その壁を乗り越えた経験が「成功体験」となって、「やれば、できるんだ！」という「大きな自信」を育んでいます。

勉強ができなかった彼らが「人生を逆転させていく瞬間」に立ち会えるときほど、この仕事をしていてよかったと思うときはありません。

では、**次のページから、僕が指導した「生徒たちの声」をご紹介**いたします。

## 合格者の声

# 「9割受かる勉強法」で合格を勝ち取った方々の声

●「9割式勉強法」を受ける前の偏差値は、英語46、国語39、日本史51。志望校は慶應経済。ごめんなさいという感じです（笑）。ところが半年後の模試で「偏差値65」に。受験成功の鍵は、正しい学習法と「自分の実力＋αの参考書」をこなすことです。

**（T・M／早稲田大学・商学部合格）**

●「中学レベルからやり直す」が「9割式勉強法」での僕の学習プランでした。基礎をしっかり固めていくうちに「自分に足りなかったもの」がわかるようになり、模試の偏差値もアップ。指導を受ける前は、総合で「52」くらいでしたが、秋以降は「65」まで上がり、入試問題も普通に解けるようになりました。自分でも、びっくりです。

**（平松広太／岡山大学・教育学部合格）**

●自らも辛い境遇に身を置き、逆境を跳ね返して早稲田大学に入学した松原先生。そんな先生だからこそ、僕は「この人を目指そう」と思ったのです。「9割式勉強法」に出合ったことで、僕を取り巻く環境は激変。別人のように成績が上がりました。

**（S・Y／慶應義塾大学・経済学部合格）**

●「現状の自分に合った勉強法（参考書）を教えてくれる」、そして「合格につながる確かな戦略を示してくれる」という2点に惹かれ、「9割式勉強法」を受けました。「理解すること」を重視する指導法のおかげで、早稲田大学に合格することができました。

**（末宗達行／早稲田大学・法学部合格）**

●「9割式勉強法」の指導で、中学英文法からのスタートだったので、偏差値が40台から50に上がってくるまでに半年かかりました。けれど、理解できることが確実に増え、文章の展開が手に取るようになりました。結果、現役で「一橋」に合格！

**（鈴木麻里／一橋大学・商学部合格）**

●受験勉強をしても、不安で眠れない日々がありました。そんなとき、「不安と共生してこそ、受験生なんだ」と松原先生に言われて、状況が改善されました。不安すぎる人には、根性だけではなく、「根性を維持させる受験戦略」が必須だと思います。

**（T・S／上智大学・経済学部合格）**

●時間がないなかで「何を学習し、何を捨てたらいいのか」を教えてもらい、無事に切り抜けることができました。受験生は、自分にとって「本当に必要な情報」を見極めることがむずかしい。「9割式勉強法」があってこそ安心して取り組めると思います。

**（T・F／早稲田大学・社会科学部合格）**

●自分に合った参考書を見つけるだけで成績は飛躍します。あとは、「9割式勉強法」を実践し、コアとなる1冊を丁寧に学習すること。そのあとに、「同じレベルの問題集」で知識の習熟度を確認すること。私はこのことを、松原先生から教わりました。

**（S・T／東京大学・文科Ⅰ類合格）**

●受験は孤独で、自分自身との闘いです。ですから、自分を導いてくれる人を持つことが重要です。私には、それが松原一樹先生でした。自分にジャストフィットする「9割式勉強法」は、心身共に受験を闘っていく武器になったと確信しています。

**（井田　歩／某国立大学・経済学部合格　（早稲田大学・社会科学部合格））**

●私が思う「9割式勉強法」のメリットは2つ。ひとつは、「自分の進歩に応じて、何を、いつごろまでに、どのようにこなせばよいか」が明確にわかる点。もうひとつは、日々の学習の「悩み」や「不安」が解消される点です。

**（I・M／法政大学・経済学部合格）**

●「復習の大切さ」を「9割式勉強法」から教わりました。同じ問題集を6〜7回勉強してできたノートの山は、大きな支えとなりました。嬉しかったことは、松原先生やスタッフの方々が道に迷う私に方向を示してくださり、信頼の絆を結べたことです。

**（I・H／佐賀大学・文科教育学部合格）**

●「9割式勉強法」で「自分に合った計画を立て、メリハリをつけて学習する」ことの大切さに気がつきました。はじめは、先生の立てた計画通りに勉強するだけで精一杯でしたが、だんだんと自分で学習計画を立てられるようになったと思います。

**(原　央二／同志社大学・商学部合格)**

●難関校を受けるからといって、むずかしい参考書をやればいいというわけではないこと。「ベストセラーになった参考書」だからといって、必ずしも受験生が理解しやすいとはかぎらないことを、「9割式勉強法」に教えていただきました。

**(板坂未夢／早稲田大学・商学部合格)**

●「9割式勉強法」は、受験勉強だけにかぎらず、大学に入ってからも十分に活用することができます。参考書の章末にある「まとめ」をアレンジして、「自作のノートへまとめ直す」といったアイデアは、今でも活用しています。

**(Y・S／市立・薬学部合格)**

いかがでしたでしょうか？「9割式勉強法」が、彼らにとっていかに効果的な勉強方法だったか、おわかりいただけたでしょうか。

しかも、前述したとおり、「9割受かる勉強法（9割式勉強法）」は、大学受験をはじめ、ＴＯＥＩＣ®、公務員試験、国家試験など、さまざまな「資格試験」に応用できる戦略的な勉強法ですので、社会人の方にも、受験生の方にも、ぜひ、お読みいただきたい内容です。

## 中学～高校時代、僕はいつも惨めだった

実は、僕は、高校入学当初、英語・数学・国語の偏差値が、たった「29」しかありませんでした。

それもそのはず。入学試験のわずか「3日前」から勉強をはじめ、「たまたま勉強した理科と社会の勉強範囲」が「たまたま出題された」おかげで、運よく偏差値39の高校に入れただけなのですから。

もちろん、「学年最下位」の成績。高校に入ると、すぐに「落ちこぼれ街道まっしぐら」でした。

中学時代の僕にも、それなりに「逆境」がありました。といっても、女子生徒からは気持ち悪がられ、男子生徒からは殴られ続ける。学校の先生には無視され、家に戻れば両親はケンカばかり。まぁ、つらかったですけれど、その程度といえば、その程度でしたが……。

そして、僕は、不良になるわけでも、奮起して勉強するわけでも、死ぬわけでも、頑張るわけでもなく、何をするともなしに3年間が過ぎていきました。

僕は、いつも「惨め」でした。「自分の存在価値」を見出せずにいました。人生をあきらめかけていました。けれどそんな自分であったにもかかわらず、

**「このまま人生を終わらせたくない！」**
**「いつか、何かを成し遂げてやる！」**

という「根拠のない幻想（妄想？）」を捨てきれずにいました。

だからこそ、「大学に行きたい」と思ったのです。
だからこそ、「逆転のチャンス」にかけようと思ったのです。

## 担任の先生の「なに考えてんだ？」のひと言に奮起

高校入学後に行なわれた「全国模擬試験」では、偏差値がなんと「29」。

クラスの担任は「頭の悪いお前が大学？　なに考えてんだ？　だいたい今まで頑張ったことなんてないだろう？　フン」と僕をあざけり笑ったのです。

そのとき、僕は落胆し、そして、「怒り…」を覚えました。

僕のなかに、

「勉強しよう！　なにがなんでもやってやろう!!　頑張るだけ頑張ろう!!」

という強い原動力が生まれたのです。

それから僕は、ガムシャラに勉強しました。学校から家に戻ると、夜19時から深夜26時まで、毎日勉強を続けました。

体重は25kgも激減し、円形脱毛症を患い、それでも勉強を続けました（今は体重も元に戻り、円形脱毛症も治っています）。

さすがにこれだけ勉強すれば、だれだって、いくら頭の悪い僕だって、成績が伸びるはずですよね？

でも、そうじゃなかった。

「学校の定期テスト」ではそれなりに点数が取れても、「全国模擬試験」となると、まるで歯が立たなかったのです。

「頭が悪いのにも、ほどがある。なぜ成績が上がらないんだ。そんなに自分はバカなのか？　いやそれとも、もしかしたら勉強方法が間違っているってことか……？」。

「勉強時間は十分に足りているはずだ。それなのに成績が上がらない。たしかに自分は頭が悪いかもしれないが、けれど、もしかしたら……、**頭が悪いのではなく『勉強方法』に問題があるのかもしれない」**

僕は、それまでの勉強方法を見直し、原因を考え、解決策を推論し、トライ&エラーを繰り返しました（その検証のなかで導き出された勉強法が、本書の「9割受かる勉強法」の土台になっています）。

その結果、なんと全国模試でも上位に名を連ねるようになり、**高校1年の終わりには、「異例の学費免除」を受けるほどに成績が上がった**のです。

実は、「学費免除」のために苦心してくれたのは、担任の先生でした。あのとき鼻で笑った担任が、僕を認めてくれたのです。

高校2年の終わりには、「東大A判定（合格確実圏内）」でしたが、「人間科学」を専門的に学ぼうと決めた僕は、「早稲田大学の人間科学部」を志望。早稲田も、もちろん余裕で「A判定」でした。

僕は、浮かれていました。「なりたい姿」が見えかけていました。ところが、学校の成績とは対照的に、僕の家庭は大きな問題を抱えていたのです。「両親の不仲や借金」は、やがて取り返しのつかない事態を迎え、そのまま「一家離散」。兄妹のひとりは、家を出ていき、僕はそれを見ているだけ…。

僕に「家庭崩壊」を食い止める力はありませんでした。

家族が気になる。でも受験を間近に控えている。

僕の心は、とても脆かった。

受験の結果は、戦う前から決まっていたのかもしれません。早稲田と慶應を受験したものの、すべて「不合格」。**バカだった自分が3年間待ちわびた「人生逆転のチャンス」**を逃してしまったのです。

## 2000年2月28日。ついに「早稲田大学」合格

犠牲にした家族と、勉強に費やしてきた時間を「無」にはできない。僕は父に土下座をし、1年間、実家に置いてもらえるよう懇願しました。そして、浪人生活を乞いました。

予備校に通うお金はなかったため、深夜26時からの新聞配達のアルバイトをして「市販の参考書」を購入。睡眠時間は1日3時間。高校時代に築いた勉強法をさらに洗練させ、来るべき日に備えたのです。すべては、順調でした。

今度こそ。
今度こそ。
今度こそ。

ところが……、今度もまた、僕は「大切なもの」を失ってしまうのです。詳しくは書けないのですが……、無垢な瞳でいつも僕を見守ってくれていた存在がこの世を去ったのです。

「この死を、絶対に無駄にしてはいけない」

僕は「悲しみ」を押しとどめ、それまで以上に、何倍も、何倍も、何倍も、何倍も強い決意で勉強に臨みました。

そして……、

## 2000年2月28日。「早稲田大学合格」。

僕はこの日、心の底から泣きました。

涙枯れるまで、泣きました。

「合格への喜び」以上に、今まで必死で泣くのをこらえてきた「亡き存在への悲しみ」が解き放たれたからです。

## 受験は、どんな状態からでも、必ず間に合う

大学に合格し「人生の逆転のチャンス」を得た僕は、あらゆることが変わっていきました。

・**受験で自信がつき、初めて「彼女」ができたこと**
・**大学生時代に、受験生60名全員を合格させることができたこと**
・**難関のメガバンクの「SE」になれたこと**
・**ITで教育環境の整っていない生徒を指導する会社をつくれたこと**
・**そうして、このように「本」を執筆させていただいていること**

僕は「恵まれた環境」ではなかったけれど、「大学」に入って変わることができました。「逆転のチャンス」を手にすることができました。「偏差値が29」しかなかったこんな僕にもできた。だからこそ、みなさんにも必ずできるはずです。

「他人を変えること」はできないかもしれない。けれど、**「自分を変えること」はだれにでもできる**と思います。

だから、**どうか「自分自身を信じて」ください。**

そして僕を、本書の「9割受かる勉強法（9割式勉強法）」を信じてください。だれもが「逆転のチャンス」をつかみ取る方法を、惜しみなくお伝えしたいと思います。

## 受験は、「逆境」だからこそ意味がある

受験生は、悩んでいます。「期待と不安との間」で、揺れています。

高校生の約8割が「大学への進学を希望している」のは、その先に待ち受ける「自分の未来」に期待しているからでしょう。

高校生のときから「大学卒業後の行動計画」や「就職先」までは決めていなくても、大半の受験生たちは「その先を考える猶予期間」として大学4年間をとらえています。

「きっと、なりたい自分になれるはずだ」

そう信じて、大学を目指すわけですね。

とはいえ……、自分の可能性を信じきるだけの「自信」はまだ身についていないようです。「大学生になった自分の姿」、あるいは「なりたい自分になった自分」を、はっきりとイメージできる高校生は少ないと思います。

受験生の多くは、

「自分には、きっと可能性があるはずだ！」

と期待する一方で、どこか自分の境遇に悲観している。僕には彼らが、

**「未来への期待をかき消してしまうほどの大きな不安」**

にあえいでいるように見えます。

「勉強についていけない。成績が上がらない……」

「『自分は頭が悪い』のではないか……」

「ウチの経済力では、大学どころか、予備校にも行けないのでは……」

「不合格になったらどうしよう。受験に失敗したらどうしよう……」

「どうせ進学校ではないし、就職したほうがいいんじゃないか……」


僕が見てきた５００人の受験生は、そのほとんどが「期待と不安の間」で揺れていました。

## 人生は、「振幅」が大きいほど楽しい

でも僕は、「それでもいい」と思うんです。期待以上の不安があってもいい。

むしろ、「自分の境遇を悲観している人」ほど、大学受験をする価値がある。不安があればあるほど、大学に入学する価値があると僕は思います。

なぜなら……、

**「逆境」が人を成長させ、「逆境」が人の魅力をつくるから**

です。

人生には、「心電図の波形」のように、アップダウンがあります。プラスとマイナス、山と谷があります。振幅がなければ、それは「死んでいる」ようなものかもしれません。

たいした山も、たいした谷もない人生より、「深い谷も、高い山もあった人生」のほうがいい。プラスもマイナスも、酸いも甘いも両方あったほうが、「人生は楽しい」し、「人生は幸せ」だと思うのです。

## 逆境を経験すればするほど、人生の楽しさも増す

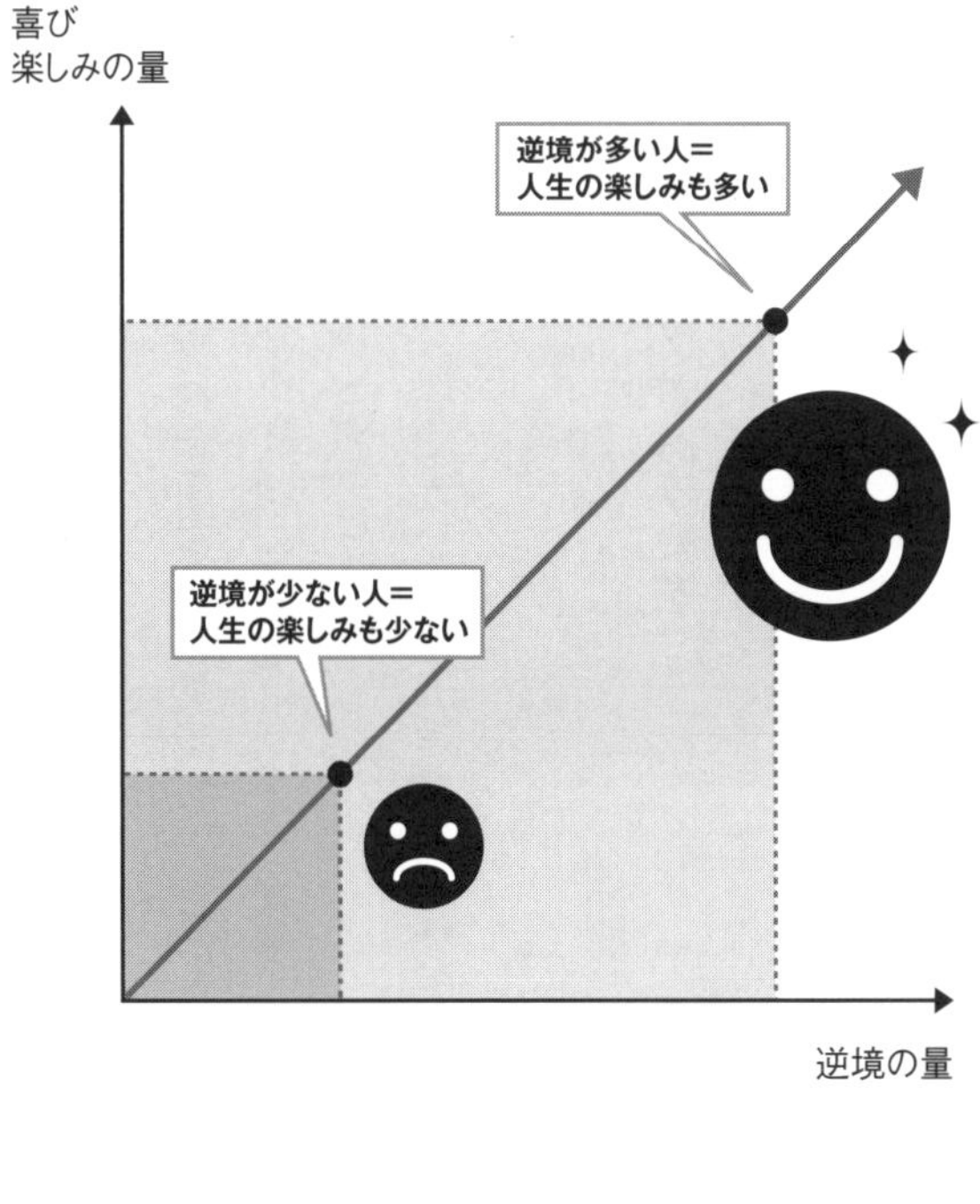

「谷の深さ」を知っているからこそ、「山の頂」がより美しく感じるのではないでしょうか。

公園で生活し、ダンボールを食べて飢えをしのいだ『ホームレス中学生』（田村裕・著／ワニブックス）のような人生は、「逆境にあえぐ人生」かもしれない。

「大学受験は苦しい」と弱音を吐くかもしれない。

何不自由なく、あたたかな家族に囲まれた人生を「恵まれた人生」だと、うらやむかもしれない。


**けれど、「逆転のチャンス」は必ずあります。**

もしも「自分は今、逆境にあえいでいる」と感じているなら、その人ほど「もっともっと、もっともっと恵まれた人生を楽しむ資格がある」ことに気づいてほしい。

そして**「逆転の最大のチャンス」こそ、「受験」**なのです。

なぜなら、「受験ほど公平で平等な競争はない」からです。「逆境」があろうとなかろうと、「点数さえ取れれば合格」。だから、だれにでも平等にチャンスがあるのです。

## 受験の苦しさを克服していくことで身につく「人生力」

僕の友人の山田君は、2浪して「防衛大学校」に入りました。防衛大学校の「定期訓練」はとても厳しく、屈強な彼でさえ、何度も何度も音を上げたそうです。現在は卒業し、「幹部」として活躍していますが、彼はこう言います。

「大学受験の経験があったから、訓練にも耐えられた。銃弾の下をくぐり抜けることもできた。訓練は本当に厳しかったけれど、大学受験のほうがもっと苦しかったからね。あの逆境を乗り越えた自分だったら、訓練だって乗り越えられる。そう思えた。

大学受験が、僕を強くしたんだ」

と。

また、本書の編集を担当していただいた（株）ダイヤモンド社の飯沼一洋さんも「大学受験」で人生を逆転させたひとりです。

小学校、中学校と学校の成績が悪かった飯沼氏は、地元の「工業高校」に進みます。当時の友人達のほぼ全員が高校卒業と同時に「就職」するなか、「人生で1度だけでも、死ぬ気で勉強したい」と一念発起し、「大学受験」をするも、当時の偏差値は30台。現役生時の受験はすべて「不合格」に終わります。

再チャレンジをかけた浪人生の1年間は、なんと「1日10時間勉強」を３５０日間続けて、大学に合格します。飯沼氏は言います。

「私は、小学校〜高校まで、自分で『自分には勉強の才能がない』と思い込んでいました。でも、まったく勉強ができなかった自分でも、『本気でやり続ければ、だれでもできるようになるという自信』を持つことができたのが、大学受験で得られた一番の教訓でした。**結局、『才能』なんて存在しなくて、『本気でやり続けることができるかどうかだけ』だったのですよね。**私はそれまでの人生で『本気でやり続ける』ことをせずに、『才能』のせいにしていたのですね。勝手に、『自分には才能がない』と、やってもいないのに思い込んでいたわけです。あのまま大学受験をしなかったら、私は自分で『自分には才能がないという烙印』を押してしまい、今の現状はなかったと思います」

と。

一部の大人たちは、「人生には、大学受験よりももっと苦しいことがたくさんあるぞ」と言うけれど、「その年齢ごとに経験できる苦しさ」があります。

17〜18歳の若さで、これだけの苦しみを体験することには、「人生をガラリと変えるほどの影響力」があるのです。

山田君や飯沼氏のように、大学受験こそがもっとも苦しい出来事のひとつかもしれないのです。

でも、その苦しさを克服していくことに、大きな価値がある。なぜならその経験こそが、「自分でも、やれば、できるんだ」という「自信」となるからです。

繰り返しますね。

**受験は「逆境」であればあるほど、「価値」がある。**

辛酸をなめてきたほうが、逆転には「価値」がある。

そして、だれもが、「正しい勉強」をすることで、合格することができる。

今、どんなに成績が悪くても、気にすることはありません。いくらでも「逆転」は可能です。あなたの意志があれば、今からでも、必ず間に合います。

「9割式勉強法」が、あなたを導く光となることでしょう。

ぜひ、「受験」や「資格試験」といった勉強を通して、「大きな自信」を身につけてほしいと思います。**その「自信」が、みなさんの「その先の人生」を輝かせてくれるはずです。**

僕は信じています。輝かしいあなたの未来を！

9割式勉強法マイスター　松原　一樹

VICTORY VOICE 1

## 合格者の声①

### 偏差値42→65！　第一志望に合格

高校生活の半分以上を過ごし、気がつけば高3の夏。周囲の人間は完全に受験モード。模試が終るたびに、「受験までのタイムリミット」を思い知らされました。

得意教科は、それなりに好成績をキープしていましたが、苦手な教科は「偏差値50」を切ることもありました。数学はとくにひどくて、「偏差値42」なんてことも……。

そんなとき松原先生の「9割式勉強法」を知りました。

**先生から与えられた学習プランは、「数学も英語も、中学レベルからやり直す」というもの。**プライドはズタボロにされましたが、基礎を固めていくうちに、「自分に足りなかったもの」がわかるようになり、模試の偏差値もアップ。指導を受ける前は、総合で「偏差値52〜53」くらいでしたが、「偏差値65」という、かつての自分では考えられない好成績をマークしました。

現在は、「教師になる」という目標のもと、大学（第一志望校）で学んでいます。もし、高3の夏に松原先生に出会わなければ、大学進学はおろか、教師になるという夢さえもあきらめていたかもしれません。

私も教師になったら、松原先生に教えていただいた「学ぶ楽しさ」を生徒たちに伝えていきたいと思います。

（平松広太　岡山大学・教育学部）

VICTORY VOICE 2

# 合格者の声②

## 偏差値50→69.9へ！　「やる気」持続する

私は、高校2年の2月ごろから「9割式勉強法」を受けはじめました。以前の私の成績は、英・数・国「全体偏差値50台後半」だったでしょうか。

「50台後半」でも、高校入学当初から比べたら大進歩だったのですが、「9割式勉強法」に切り替えて5カ月目に受けた模試（英語）で、なんと「偏差69.9」を出すことができたのです。これまで、こんな成績を出したことがなかったので、本当にうれしかったですね。

「松原先生って、すげぇなぁー！」って思いました（笑）。

**「9割式勉強法」のよいところは、「何を、いつごろまでに、どのようにこなせばよいか」が明確にわかること、それと、日々の学習の悩みが解消されるところ**だと思います。

自分は、家が近かったこともあり、松原先生の会社に直接相談に行くこともありました。そのたびに、やる気と希望が充電されていきました。

「9割式勉強法」のおかげで、休憩や休息をうまく取り入れることもできましたし、自己管理に気を配った結果として、「勉強に対するモチベーション」を維持することができたと思います。

（I・M　法政大学・経済学部）

はじめに――1

# 第1章 勉強の「やる気」を継続するには

01 「2つ以上の科目を並行して勉強する」とやる気が継続する――40
02 「学習の見える化」で自信をつける――44
03 【やる気スパイラル法】…「1コマ」「1日」「1週間」の使い方でやる気が継続する――53
04 2つの【心理特性】である「慎重性」と「行動力」が学習効果を決める――66
05 「慎重性が高い人」は、学習を早目に進める。「慎重性が低い人」は、しっかり理解する――71

CONTENTS

06 「行動力」が高い人は、「人に聞く」ほうが効率的。「行動力」が低い人は、「自分を追い込む」ほうが効率的――74
07 「結果から考える」ことで合格が近づく――77
08 「受験に合格した自分」を強くイメージするとそれが現実になる――80
09 「リラックスした状態」になれば、知識が定着する――86
10 「2－6－2」の割合が、やる気を高める――89
11 「2割の基礎力」を制することが、「未知の8割」を制する――95

## 第2章 自分の学力に合った「効果的な勉強法」

12 「理解する」「覚える」「アウトプットする」と本当の学力が身につく――104
13 「自分の学力」に合った参考書でなければ、成績は伸びない――115

14 約8割の受験生が、「中学生レベル」の学力しかない――120
15 3カ月で「偏差値」45→70の理由――125
16 「中学レベル」に「戻る勇気」を持て――128

## 第3章 「3ステップ」で最短マスター「英語」「現代文」「数学」

17 8割の人が「英語がわからない」
→「英語がわかる」に変わるポイントがある――136
18 学力レベルを「3つのステップ」に分けて考える――169
19 英語の「3ステップ勉強法」――174
20 「現代文」を勉強するだけで、全科目の得点率が上がる――179
21 「現代文」は、「文章の内容を論理的に理解できるか」が問われる科目――185

CONTENTS

22 「わかること」とは「分けること」――192
23 「3つの思考パターン」で文章を読み解く――194
24 「原因」がそのまま「結果」に結びつかない文章もある――203
25 「現代文」の3ステップ勉強法――207
26 「数学」は、英語や現代文より少ない時間で「偏差値60」になれる――213

## 第4章 「科目ごとの点数戦略」、偏差値ではなく得点率を重視する

27 「相手を知る」とは、「志望校の傾向を知る」こと――234
28 第2志望、第3志望は、第1志望の勉強が生かせる大学を選ぶ――241
29 「現代文」→「英語」の順番がもっとも成績アップが速い――248

30 「点数戦略」とは、「何を捨てるか」を考えること——251
31 「点数戦略」は、ひとつの科目のなかでも考える——260

## 第5章 2000冊から厳選した参考書

おわりに——292

【※注意事項】……本書で紹介する「勉強方法」「学習の成果」「学習参考書」は、2009年度の時点で、東大・早慶・国公立などの大学に、90％の合格率を誇る指導を行なっている著者の独自の調査と実績に基づくものです。本書の内容を参考にして、なんらかの損失や損害をこうむったとしても、著者、ならびに出版社は責任を負いかねますので、あらかじめご了承ください。
※また、本書の情報は、2010年2月段階のものです。

第1章

# 勉強の「やる気」を継続するには

An effective learning method: achieving a high percentage of success

01

# 「2つ以上の科目を並行して勉強する」とやる気が継続する

# 「ひとつの勉強」に没頭するのは、非効率的

大学受験を例に考えてみます。

「今日は英語だけ、それも英単語だけを徹底的に勉強する」のと「今日は、英語と、現代文と、数学を勉強する」のでは、どちらが「やる気」を持続できるでしょう？

『外資の3倍速仕事術』（日経BP社）で知られる奥井規晶さんは、「コンカレントワーキング」という考え方を提唱しています。

「コンカレントワーキング」とは、「並行作業」の意味です。

「ひとつのことを長時間やり続けるよりも、いくつかの作業を同時並行して進めたほうが効率的である」ことがわかってきています（concurrent＝同時発生する、共存する）。ひとつの作業に没頭してしまうと、「生産性」が下がってしまうのです。

つまり、1日中、「英単語」ばかり勉強するよりも、「さまざまな科目」を組み合わせる、あるいは、「同じ科目でも違う分野」を組み合わせたほうが、集中して勉強できるのです。

たとえば、「英単語を90分勉強したあと、休憩をはさんで現代文を勉強する」といったように、「暗記系」と「思考系」を組み合わせるのがもっとも効率的なのです。

**リラックスしながら取り組める「暗記系」と、考え抜く「思考系」を交互に繰り返すことで、メンタルが常に「新鮮な状態」になります。**

実際に、「英単語だけしか勉強していなかったときは、1日30分しか勉強できなかった」という受験生がいました。

しかし彼が「コンカレントワーキング」を実践したところ「1日9時間勉強できるようになった」という例があります。

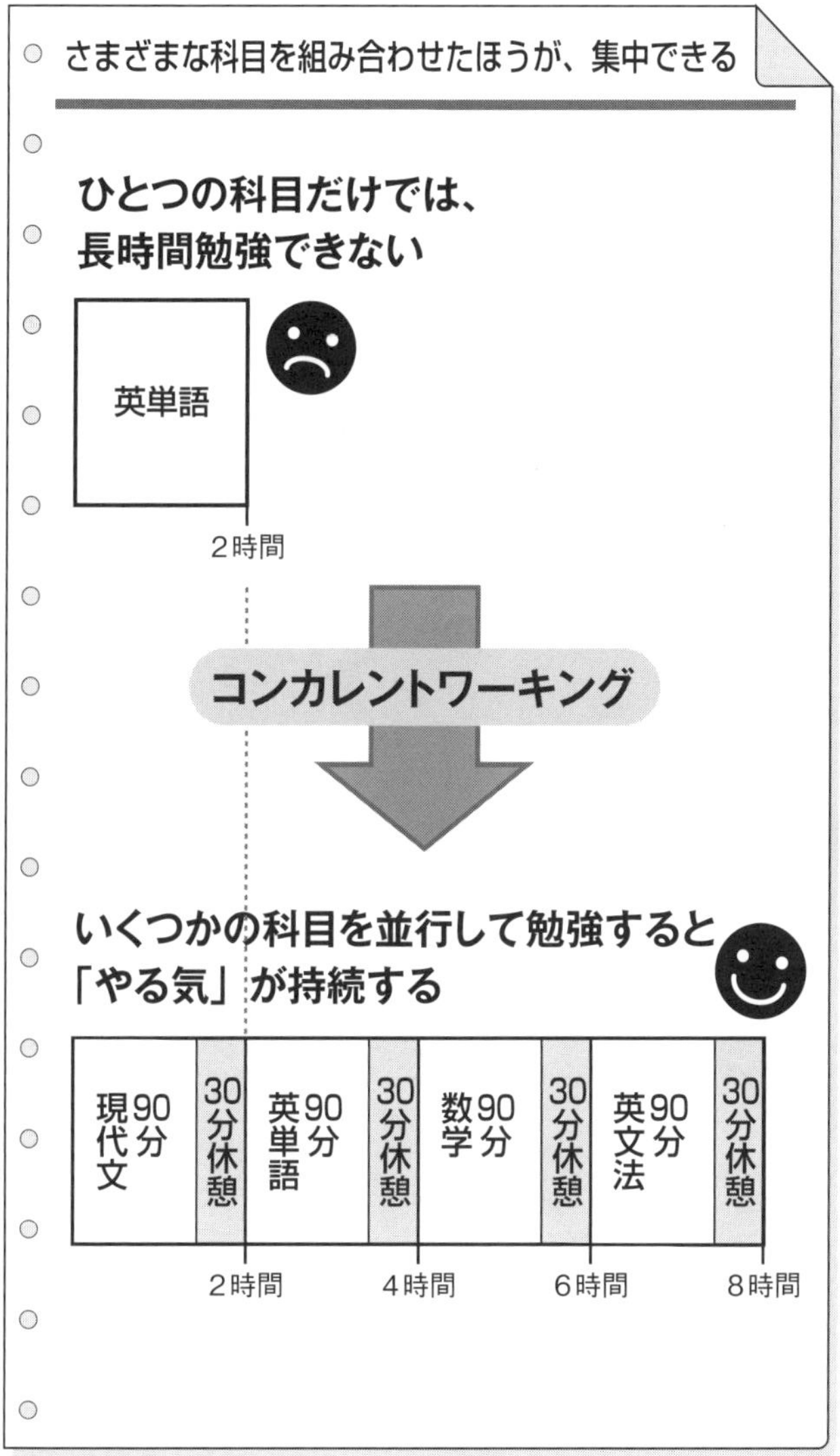
さまざまな科目を組み合わせたほうが、集中できる
ひとつの科目だけでは、
長時間勉強できない
英単語
2時間
コンカレントワーキング
いくつかの科目を並行して勉強すると
「やる気」が持続する
現代文 90分
30分休憩
英単語 90分
30分休憩
数学 90分
30分休憩
英文法 90分
30分休憩
2時間
4時間
6時間
8時間

02

# 「学習の見える化」で自信をつける

# 「学習の見える化」をする4つの手法

高3の春から受験勉強をはじめたとして、試験本番までは、約10カ月間。やはり「大学受験」は長丁場ですね。社会人の人が「資格試験」を取得する場合も、ある程度の時間が必要です。

みなさんが「すでに受験成功者」であり、「試験に合格する！」というゴールが見えていたとしても、ときには勉強に嫌気がさすことがあるかもしれません。気分が向かなかったり、落ち込んだり、自信を失うこともあるでしょう。

そこで、受験勉強の「やる気」を持続させる「2つのしくみ」をご紹介します。「学習の見える化」と「やる気スパイラル法」です。

## 【学習の見える化】

「学習の見える化」とは、「自分のやってきたこと」を「見えるように」積み上げて自信をつける方法です。とくに、行動力の低い人には効果的なメソッドです。

勉強した痕跡を「見える」ように残し、「こんなにやったんだから大丈夫」というモチベーションにつなげていきます。

## 【見える化①】……「参考書の厚み実感法」

やり終えた参考書を「積み上げていく」方法です。これは単純に「参考書を積み上げていく（一箇所にまとめておく）だけ」ですが、思った以上に効果があります。

本書では大学受験生に向けて「2000冊から厳選した、自分の学力に合った参考書」と「その参考書の使い方」を268ページ以降で紹介していますが（※社会人が勉強する際の「効率的な学び直し」にも最適）、提示する参考書はかならずしも「最初から最後まで、1冊すべてやり通す」わけではありません。参考書によっては、部分的にしか使用しないこともあります。

ですので「その部分」だけ学び終えたら、「1冊終わった」こととしてカウントし、積み上げていくのです。「すべてやり通す」わけではありませんから、時間がかからない。たとえ「1冊読み通せば、勉強範囲をある程度すべて網羅できる」としても、あえて「3冊」に分冊させることで、少ない時間で、たくさんの参考書を積み上げることができます。

なぜ「3冊」に分けるのか……。それは、著者が変われば書き方が変わり、「書き方が変われば見え方が違ってくる」からです。**ひとつの参考書で学んだことを別の参考書でもう一度学ぶと、本質的に理解できるようになります。**

もちろんこれは、ビジネスマンや「資格試験」を目指す方にとっても同様です。

## 【見える化②】……「ポイント制」

「得意な勉強をしたら1ポイント」、「不得意な勉強をしたら3ポイント」、「点数配分の高い科目を勉強したら3ポイント」といった具合に、「自分の勉強をポイントに換算」していく方法があります。

「１週間で１００ポイントたまったら日曜日はオフにしていい」とか「２００ポイントたまったら彼氏 or 彼女と会っていい」とか、ポイントに応じて「ごほうび」を設定すると、さらに学習意欲が高まります。これは、ぜひ、試してもらいたい方法です。

## 【見える化③】……「勉強大名」

「勉強大名」とは、1時間＝1万石に見立て、勉強時間の累計を公表するインターネットサイトです（50ページのＱＲコードからアクセスできますhttp://mbga.jp/.m1d8d585/_msg_list?t=12819210）。ゲーム感覚で勉強時間を「見える化」できます。

ユーザー同士が書き込みできるので、「今日は5万石（5時間）勉強したけれど、あいつは8万石か。負けてられないな！」といった仲間意識や競争意識が芽生えやすいでしょう。「実際のサイト」を見ていただければ、わかりやすいと思います。

## 【見える化④】……ブログ・SNS

ブログやSNSに「受験日記」を記せば、「受験仲間」を増やすことができます。

大学受験を目指しているのであれば、「自分が受験生であること」、「○○大学を志望していること」、「苦手科目、得意科目」「将来の夢」などをプロフィールに書いて

## 「学習の見える化」で自信をつける

見える化①

### 参考書の厚み実感法

やり終えた参考書を積み上げる

見える化②

### ポイント制

4月第1週

| 月 | 火 | 水 | 木 | 金 | 土 | 小計 | 日 |
|---|---|---|---|---|---|---|---|
| 15 | 20 | 15 | 20 | 15 | 20 | 105 | デート❤ |

自分の勉強をポイントに換算

見える化③

### 勉強大名

ゲーム感覚で勉強時間を競い合う

http://mbga.jp/.m1d8d585/_msg_list?t=12819210

見える化④

### ブログ・SNS

受験仲間を見つける

http://mbga.jp/.m1d8d585/_grp_view?g=71599

## 「ブログ・SNS(勉強大名)」をやってみよう

http://mbga.jp/.m1d8d585/_grp_view?g=71599

今日の報告でもしようかな!
カチ
カチ
コメント
今日は英語を頑張った。
送信
ピコ
ピコ
送信
○○○TOWN
☆掲示板☆
Aさん
○月 × 日 00：00
今日は英語を頑張った。
Bさん
○月 × 日 00：00
お疲れ様。
Cさん
コメント
お疲れ様。
送信
ポチ
ポチ
送信
みんな頑張っているニャー!!
あ!!
書き込みがあるわ

おけば、似たような境遇の受験生から「一緒に頑張ろう！」といった応援コメントがつくことがあります。

そして、**大切なポイントは「ネガティブなことを書かない」こと**です。「インターネットの特性」として「同じ感情を持つ人」を引き寄せる傾向がありますので、ますますあなたがネガティブになる危険性があります。「ＳＮＳ」は、基本的には楽しくいきましょう！

とくに、「行動力の低い人」は、みずからを引っ張ってくれる「受験仲間」を見つけておくと心強いでしょう。

03

# 【やる気スパイラル法】…「1コマ」「1日」「1週間」の使い方でやる気が継続する

# 「やる気スパイラル法」の3つの手法

## 【やる気スパイラル法】

「やる気スパイラル法」は、「1日の過ごし方」、「1週間の過ごし方」を見直しながら集中力を高める方法です。

私が指導している「インターネット予備校ロジック」や「早慶合格実践会」の受講生は、「逆境を楽しもう。受験を楽しもう」という前向きな姿勢で勉強に取り組んでいます。ですが、受験勉強は「そもそも、やりたくないもの」からはじまっていますから、今では「楽しめるようになった」といっても、「楽しいもの」に変わるまでの間に、精神的に不安定になる受験生がいます。「やりはじめた」ものの、どうしても「やらされている」感じが拭えないようです。

精神的な不安要素をなくすためには、毎日の生活に「規則性」を持たせることが大切です。**「1日の生活のリズムが決まる」と生活が安定してくるため、精神的な揺らぎも少なくなります。**

そこで、「1コマ」「1日」「1週間」の時間の使い方を「スパイラル的（連鎖的）」に勉強するためのしくみが「やる気スパイラル法」です。

## 【やる気スパイラル法①】……「1コマ90分の法則」

人間が集中できる時間は「90分が限度」だといわれています。また、たいていの大学受験の場合ですと、試験時間は「90分」を基準に考えられています。そこで、受験勉強も「1コマ90分以内」に設定しましょう。

東京大学の試験時間は「150分」ですが、脳の構造上、150分間集中し続けることはほぼできません。

ですから、「90分問題に集中したら、少し休憩。その後、もう一度集中する」というリズムを覚えておくと有利。「90分」という時間の感覚に慣れておきましょう。

「1コマ90分の法則」は、「90分（以内の）勉強をしたら、30分休憩を取る」のが基本です（試験中はムリですけれど…）。どんなに勉強がはかどっていても、90分以内で切り上げ、きっちり30分休憩を取ります。

**「勉強（90分）→休憩（30分）→勉強（90分）→休憩（30分）→勉強（90分）」のサイクルで勉強時間を管理しましょう。** もちろん休憩後は、「休憩前と違った科目（分野）」を勉強するようにします（コンカレントワーキング）。

受験生に「1コマ90分の法則」を説明すると、「では90分勉強できなかった場合でも、30分休んでいいのですか～？」と質問されることがあります。

どうぞ、休んでください。

60分しか勉強できなくても、30分しか勉強できなくても、20分しか勉強できなくても、「どうぞ、30分休んでください」。

なぜなら、「勉強をすることそのものに、大きな価値があるから」です。

受験勉強は、「そもそも、やりたくないもの」です。「やりたくないもの」をやっているのですから、たとえ時間が20分であっても、それは「価値ある20分」だと僕は思います。

「30分も机に座っていられない」という受講生がいました。

僕が「休憩はどれくらい取っているの？」と尋ねたところ「5分くらい」との返事。

そこで僕は、「今までは全然勉強できなかったんだから、30分勉強できれば立派だよ。わずかな時間であってもキミはたしかに勉強をしているんだから、休憩を取る資格がある。30分の休憩は『ごほうび』だと思っていいんじゃないかな」と伝えました。

やがて彼は、見違えるようになりました。

30分が40分になり、50分になり、60分になり……、2週間後にはなんと「1日6時間」勉強できるようになりました。

彼は「勉強をはじめたら休んじゃいけない。ずっと机に座っていないといけない」という「縛り」を、自分で勝手に設けていたのです。

けれど僕の助言で「ちょっとでも勉強したら、30分休んでいい」ことがわかった。それにより、精神的な安心感を得ることができたのです。

実は、「1コマ90分の法則」の上級者向けに**「中途半端なまま、勉強をやめる」**というテクニックがあります。

「今日は気分がノっている。勉強もはかどっている。どんどん参考書も進んでいる。勉強をはじめてから、もう80分たったのか。残り時間は10分。10分あれば、この章は終わりそうだ…」と思ったとしたら、むしろ「章を終わらせない」ほうが得策です。

残り10分は勉強せず、「中途半端なまま」で休憩に入りましょう。コンカレントワーキングを実践する以上は、休憩後に先ほどと同じ内容の「続きの勉強」をやってもいけません。

**「途中でやめるとすっきりしない」という気持ちもわかりますが、むしろその「すっきりしない気持ち」を残しておいたほうが、翌日の勉強に入りやすくなります。**

「キリのいいところ」までやってしまうと、そこで一度気持ちが切れてしまいます。ですが「やり残し」があると、「やり残したところからはじめられる」「楽しかった昨日の続きからはじめられる」という気持ちが芽生えます。

この気持ちが「机に向かわせる後押し」になるのです（「キリのいいところ」まで勉強しても、次の90分にスムーズに入れるのであれば、必ずしもこの方法を実践する必要はありません）。

## 【やる気スパイラル法②】……「Dayサイクル」

人間は、「時間帯」に応じて「向いている作業」と「向いていない作業」があります。「朝」（9時〜12時まで）は、「ロジカルな時間帯」といわれ、分析的な思考が強い時間帯です。

ですので、ゆったりとした「暗記系の勉強」をするよりも、論理的に考え抜く英文解釈、現代文、数学、理科といった「思考系の勉強」が適しています。朝少し早く起きて、学校に行く前に「思考系」の勉強をしてみるのもいいでしょう。

**朝の時点で「1コマ」でも勉強を終えておくと、気持ちのうえでも安心しますし、**

**1日のリズムがよくなります**。朝2時間の勉強は「1日の勉強の8割に相当する」ともいわれているので、「もう8割終わったんだ」という精神的な安堵感が、午後からの勉強を気楽にさせてくれます。

反対に「日中」（13時〜15時）は、「エモーショナルな時間帯」といわれていて、「考え抜く」ような「思考系」の勉強よりも、「暗記系」や「イメージを膨らませるような勉強」（たとえば、英単語や用語の暗記など）が向いています。

## 【やる気スパイラル法③】……「日曜日はオフ」

「日曜日」は世界中どこの国にもあり、基本的にこの日は「オフ」です。

「日曜日は休日にする」

これは、「世界共通の真理ではないか」とさえ、僕は思っています。受験生も例外ではありません。

日曜日にリフレッシュするから、平日頑張れるわけだし、日曜日に休むから「じゃあ、日曜日までにコレとコレをココまでやり終えよう」というスケジュールが決まります。だから受験生も、もちろん「休んでいい」んです。

受験生の多くは、「休む勇気」を持っていません。あるいは、**休んではいても、頭の中は「勉強のことばかり」考えてしまうことがとても多い**のです。

僕が指導した受験生のI君も、「休む勇気のない受験生」でした。

彼は、「コンカレントワーキング」を実践して効率的に勉強を進めていました。傍目に見れば、「余裕」を持って勉強に取り組んでいるように見えます。ところが、彼の気持ちは揺れに揺れていました。「休むことだけはできない…不安だ」というのです。

そこで僕は、I君の「1週間のスケジュール」を練り直し、**「この新しいスケジュールをこなすことができたら、休んでいい」**と提案しました。するとI君は、こう答えたのです。

「先生、僕…休んでも、受かりますか?」

僕は即答しました。

「受かるよ」

この「受かるよ」のひと言が、I君の「不安定な気持ち」を落ち着かせました。「先生が言うのだから、間違いない。先生が言うのだから、安心して休んでいいんだ」と思えるようになったのです。

だから、僕のような指導者のひと言が「安心感」を与えるのです。どうしても「休みを取ること」にためらいを感じてしまうのなら、あなたの指導者に「休みの許可」をもらうのもひとつの方法だと思います。

## ②「Day サイクル」③「日曜日はオフ」）の例

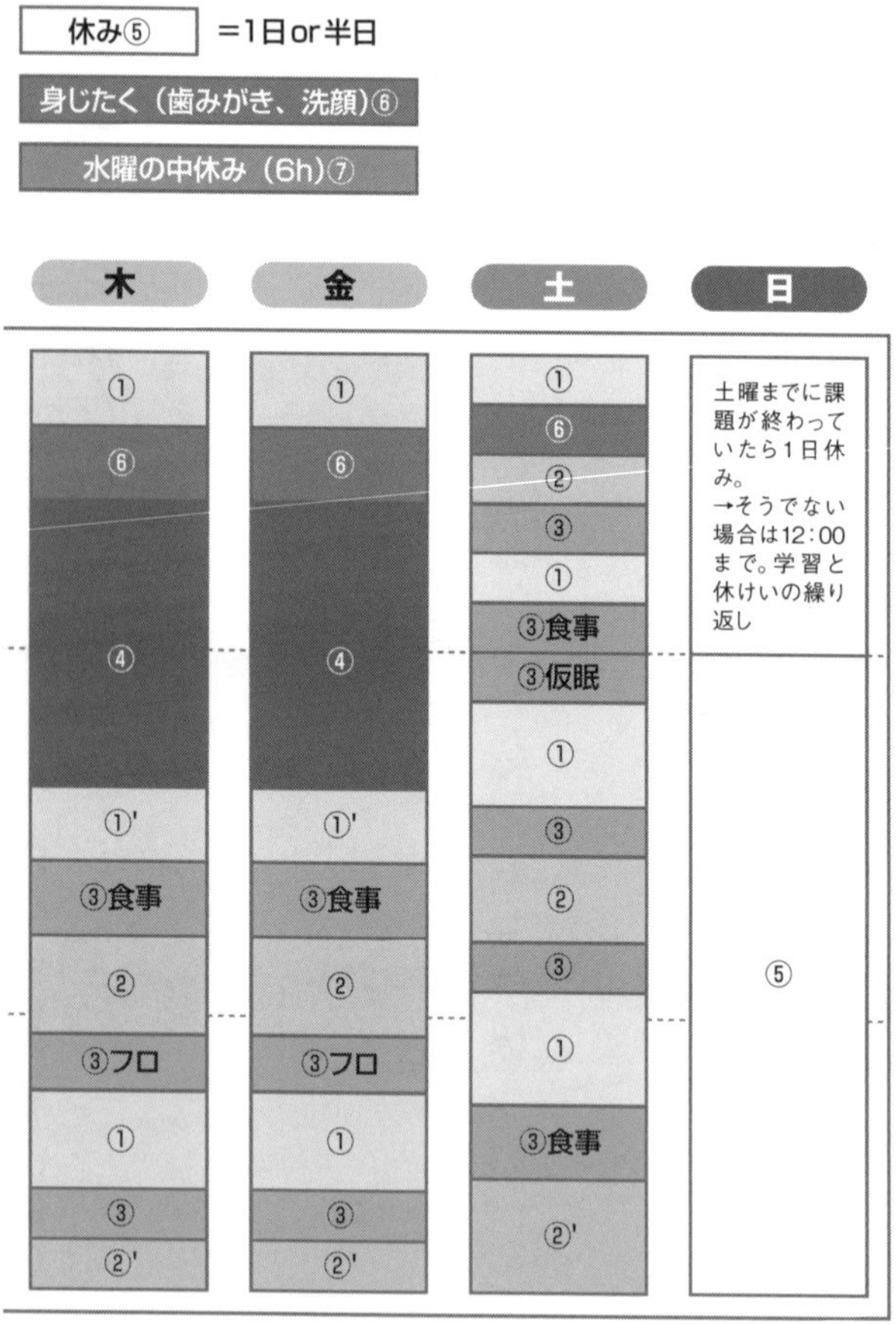

## 【やる気スパイラル法】（①「1 コマ 90 分の法則」

パーツ説明

| | | | |
|---|---|---|---|
| 勉強①' | ＝短めの思考系 | 勉強②' | ＝短時間の暗記系 |
| 勉強① | ＝思考系 | 勉強② | ＝暗記系 |
| 休けい③ | ＝仮眠など、30分。フロ | 学校や仕事④ | ＝長時間拘束 |

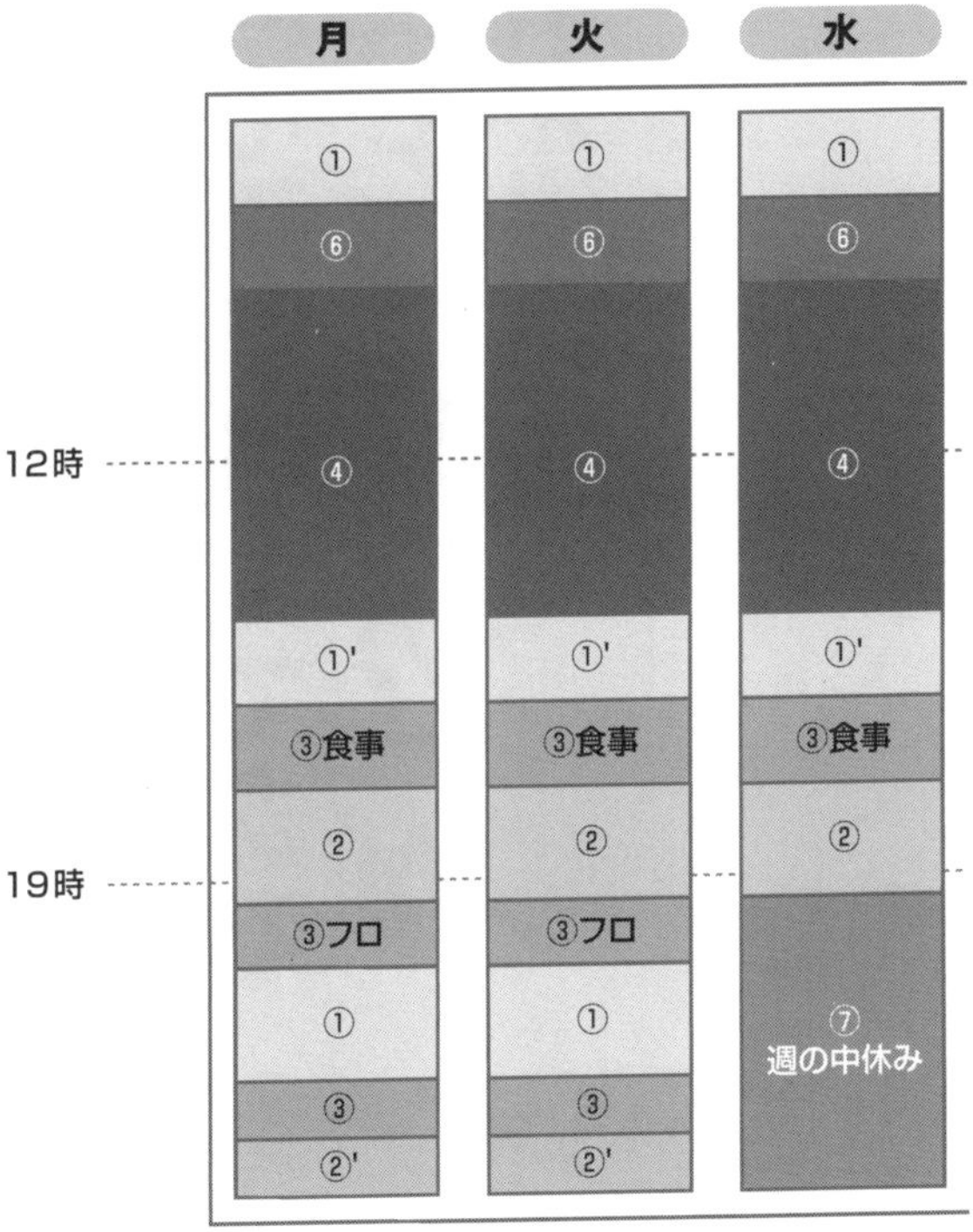

04

# 2つの【心理特性】である「慎重性」と「行動力」が学習効果を決める

## 自分の「心理特性」を知れば、効果的な学習ができる

僕が指導する受験生のなかには、「目をかけなくても自発的に勉強を進める受験生」がいる一方で、「キメ細かく指導しなければ勉強しない受験生」がいます。学力レベルは高いのに「自信を持てない受験生」がいたかと思えば、基礎レベルの勉強しかしていないのに、すでに合格したつもりの「自信過剰の受験生」もいます。このように、受験生の「心理特性」は、人によってさまざまです。

僕は、たくさんの受験生と接するなかで、**「心理特性」によって、「勉強の進み具合」や「理解の深さ」が変わること**に気がつきました。

## 「行動力」チェック

「自分が認めた人からのほめ言葉」は嬉しいが、「自分が認めない人からのほめ言葉」はむしろムカつく

「結果から言わない奴」にイライラする

## 「慎重性」or「行動力」チェックシート

### 「慎重性」チェック

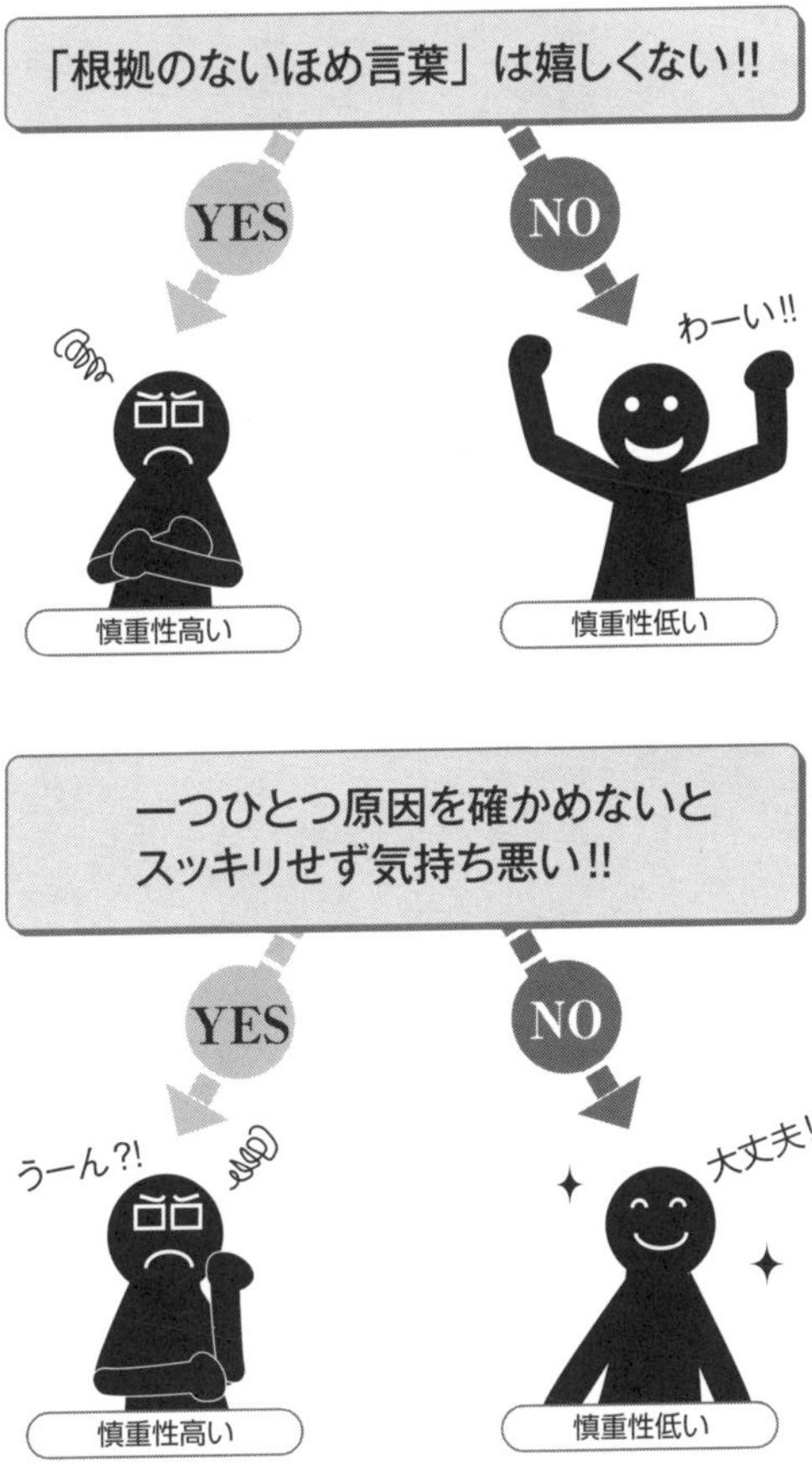

ここでいう「心理特性」とは、簡単にいえば「その人の後天的な性格や気質」のこと。「性格や気質」はとても多様ですが、次の2つの「心理特性」が大きく学習効果に影響を及ぼしていると考えています（ほかの特性も絡んでいますが、ここでは割愛します）。

**【1】慎重性（注意深さ、疑り深さ）**

**【2】行動力（やる気の高さ、外向性）**

では、それぞれの「心理特性」について見ていきましょう。

あなたは、「慎重な人」ですか？　「行動力のある人」ですか？

68〜69ページの「テスト」を実際にやってみて、自分が「慎重な人」か「行動力のある人」かチェックしてみてください。

05

# 「慎重性が高い人」は、学習を早目に進める。「慎重性が低い人」は、しっかり理解する

## 慎重すぎる人は、「なんとなく理解した」ところで次に進む

「慎重性が高い人」は、物事を鵜呑みにしない性格。「理解」を重視するため、伸びる要素が高い。「高い分析力」も持っています。

ただし、「慎重性」が高すぎると、考える時間が長くなり、なかなか先に進みません。ですから、「慎重性が高すぎる人」は、あまり深く考えず、どんどん進んだほうがいいと思います。

たとえば、大学受験の英語の基礎となる参考書『くもんの中学英文法』（くもん出版）の学習時間は、「40時間」が目安です。英文法の基礎力が足りない人でも、「40時間」あれば、たいがい1冊やり終えることができます。

ところが受験生のU君は違いました。『くもんの中学英文法』に「１００時間かけた」というのです。U君は、慎重性が高すぎた。つまり、「物事を慎重に考えすぎる」、「理解する比重が高すぎる」ため、次に移るタイミングを見失っていたのです。

また、**「英単語」の勉強に関しては「一単語一義（ひとつの単語にひとつの意味だけを覚える）」でもいいのに、「ひとつの単語に関して、すべての意味を知らないと心配になる」ため、調べなくていいところまで調べてしまう。**だから先に進まない……。

そこで僕は、「なんとなく理解できたかな」と思ったら次に進むようにアドバイスしました。「慎重性」が高い人は、そもそも「分析力」が高いので、「なんとなく程度」でも十分に「理解」できているものだからです。

## 「慎重性」が低い人は、わかった気になっているだけ

反対に「慎重性」が低い人は、どんどん次のステップに行こうとします。このタイプは「理解」を軽視する傾向にあり、「実際はわかっていないのに、わかったような気になっているだけ」の人が多いと思います。「同じ参考書を2冊やる」くらいの慎重さを身につければ、理解が深くなるでしょう。

06

# 「行動力」が高い人は、「人に聞く」ほうが効率的。「行動力」が低い人は、「自分を追い込む」ほうが効率的

# 「行動力」が高い人は、慎重性を身につける

「行動力」が高い人は、外交的&社交的な一面を持っているので、「人に聞く」のもひとつの手です。**参考書を勉強していくなかで「疑問点」があれば、先生や友だちにどんどん聞くといいでしょう。**

ただし「行動力」が高い人は、「慎重性」が低い場合がありますから、今すべきことは「理解することなのか、覚えることなのか、アウトプットすることなのか」を考え、目的意識をきちんと持って着実に勉強を進めるようにしましょう。

（※「理解する」「覚える」「アウトプットする」に関しては１０４～１１４ページで解説します）

## 「行動力」が低い人は、「やらざるをえない状況」に自分を追い込む

「行動力」が低い人は、「もっと自分を追い込んだほうがいい」と思います。

受験生のT君は、内向的な性格のせいか、「行動力」に欠けるきらいがありました。学力が低いわけではないのに、どこかいつも不安げな様子だったのです。彼が「行きたい大学」ではなく「行ける大学」を志望校にしていたのは、「大学受験に失敗したらみっともない」と余計な気遣いをしていたからです。

そこでT君には、「僕は東京大学を目指します！」と宣言させました。宣言した以上、やらないわけにはいきません。**「自分で自分を追い込んだ」ことが勉強への原動力となり、なんとT君はみごとに東大に合格できたのです。**

07

# 「結果から考える」ことで合格が近づく

## 「最終的に求められている知識」を身につける

「結果思考」という言葉を聞いたことはありますか？

「結果思考」とは、「解決策にフォーカスした考え方」のこと（反対に、問題の原因にフォーカスした考え方を「原因思考」といいます）。

簡単にいえば、受験は「常に結果から考える」ということです。「最終的に求められるもの」（大学受験であれば、志望校の傾向、配点、科目特性など）を知ることは、まさに「結果思考」です。


成績が思うように上がらないときには、成績が上がらない「原因」や「課題」を見つけることが重要です。ですがそれ以上に、「見つけた課題をどのように克服・解決していくのか」を考えることが、もっと重要だと思います。

・「合格するためには、何をすべきか」
・「合格するために必要な学力と、自分の学力にはどのくらい差があるのか」
・「その差を埋めるにはどうしたらいいか」
・「合格したら、どのようなメリットがあるのか」
・「どのような結果を望んでいるのか」
・「偏差値を40から60に上げるにはどうしたらいいか」

と「結果を得るために何をすべきか」を前提に考えてみましょう。

そうすれば、**「今すべきこと」が明確になって、「学力レベルに合った勉強法」や、「相手（志望校や資格試験）の傾向に合った勉強法」が見つかるはずです。**前向きに解決策を考えることにより、モチベーションも高まるのです。

「過去問」を解くのは「最重要」だと僕が指導しているのは、「結果思考」で考えれば、当然のことだといえるのです。

08

# 「受験に合格した自分」を強くイメージするとそれが現実になる

# 「なりたい自分」を強く意識すると、具現化しやすい

「結果思考」はモチベーションを高めるうえでも有効です。望むべき「結果」、つまり「受験に合格した自分」を強くイメージできれば、受験に対する不安も少なくなっていきます。

「合格して喜んでいる自分」、「なりたい自分になっている自分」を頭の中で思い描いてみる。そうすると、やる気がわいてくるのです。

まさしく僕がそうでした。受験生にもかかわらず早稲田大学に出向いて（しかも福岡から！）、「大学生になりきった自分の写真」を撮りました。

その写真には、「早大生になった自分」が写っている。その写真を何度も何度も眺めているうちに、「受かるのが当たり前」と思えるようになり、やがては「自分はもう早大生なんだ」と思い込めるほどになりました。

「写真を見るだけで、そんなに効果があるの？」、「写真を見るだけで合格するわけないじゃん」と疑う人もいるかもしれませんが、**脳には、何かを強くイメージすると、その方向に向かって行動するという「観念運動現象《かんねんうんどうげんしょう》」が働くのです。**

ですから、「なりたい自分の姿」を思い込めば思い込むほど、「具現化する可能性」が高くなるわけです。

僕が指導したＨ君もまた、「観念運動現象」を利用して合格を手にしました。彼は志望校のオープンキャンパスに参加し、「なりきり大学生」となってスナップ写真を撮影。その写真を「起床時と就寝時に２、３分眺める」ことを習慣づけたそうです。

## 毎日イメージすれば「現実」になる

**●「観《かん》念《ねん》運《うん》動《どう》現象《げんしょう》」とは?**

→ 何かを強くイメージすると、
脳は、その方向に向かって行動する

大学に受かっている
写真を毎日見ると…

本当に大学に
受かってしまう

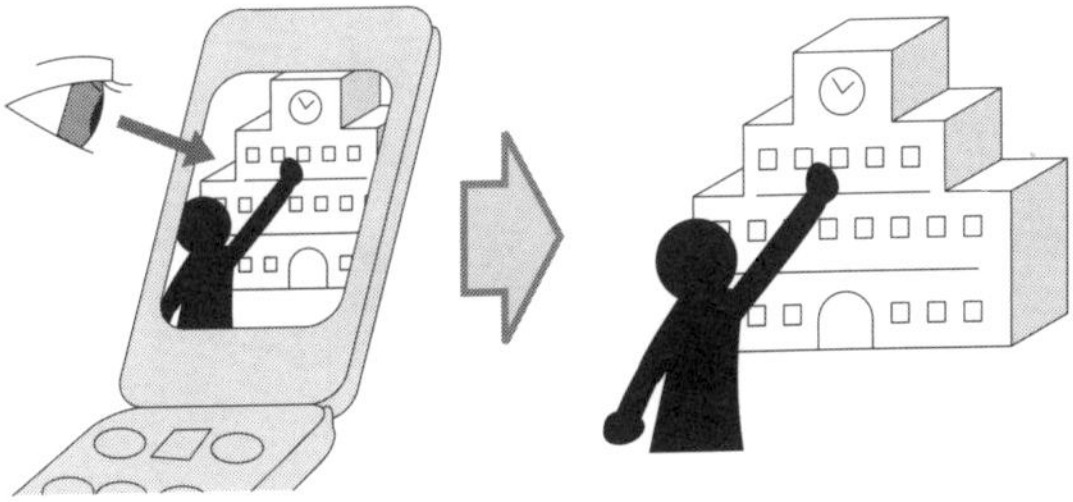

「苦手な参考書」をやり
切った写真を毎日見ると…

本当に「苦手な参考書」
をやり切ることができる

そしてH君は、毎朝毎晩「なりきり写真」を見ることによって、知らず知らずのうちに今まで刷り込んでしまった「受かっていない自分の姿」を「大学に受かっている自分の姿」に刷り込み直すことができたのです。

## 苦手な参考書があったときは「なりきり写真」を利用しよう

「望んだ結果を手に入れた自分」を思い描くと、「そのとおり」になりやすい。そのことを知ったH君は、「どうしても取り組めない参考書」があったときも「なりきり写真」を利用しました。

まだほとんど手をつけていない参考書を片手に「やったぜ。この参考書をやりきったぜ！」という気分でガッツポーズをつくり、ケータイで写真を撮影。

かたや参考書は、「もう読み終えたものだから、机の上に置いておく必要はないよね」と割り切り、すでに読み終えた参考書とともに「ダンボール箱」の中に片付けてしまったのです。

「ダンボールの中に片付けられた参考書の山」と、「ガッツポーズのなりきり写真」を見続けているうちに、H君は、「もう、この参考書は終わったんだ」という気持ちになりました。そして、「もう終わった」という「刷り込み」がH君のモチベーションを高めたのです。

H君はしだいに「目次だけでも読んでみようか」、「パラパラ読みをしてみようか」と思いはじめ、**苦手だった参考書にも「なじみ感」を感じるようになり、最終的に、完全にその参考書をやりきることができたのです。**

09

# 「リラックスした状態」になれば、知識が定着する

# 受験勉強を楽しめる「心のゆとり」を持とう

「記憶」は「リラックスした状態」でなければ、定着しにくいものです。ですから「頑張らないといけない」、「この参考書をやらなければいけない」とストレスを感じながら机にかじりついたところで、成果は上がりにくいんです。

むしろ、好きな音楽を聴いたり、お笑い番組を見てから机に座るくらいのユルイ気持ちのほうが、効率よく覚えることができます（**脳の構造上、ストレスを感じながら覚えたことは忘れやすいのです**）。

「受験勉強は苦しいのが当たり前。楽しいものじゃない」と思われるかもしれません。たしかに、「手放しで楽しい！」と思えるほど、受験勉強は簡単ではありません。でも、僕が指導する受験生の多くは、「それでも受験を楽しもう」としています。

試験はこれからなのに、心の中では「すでに大学生になりきっている」のですから、「楽しい気分」になれますよね（でも、彼らが僕の「早慶合格実践会」に入会したときの平均偏差値は45前後です）。

だから、苦しくない。だから、リラックスできる。リラックスできるから、覚えられる。覚えられるから、また勉強が楽しくなっていく……。

彼らもはじめは怖がっていました。不安がっていました。「受かるわけない」と後ろを向いていました。学力レベルの合わない参考書に戸惑い、「受験は苦しいものだ」と思っていました。

けれど、今は違います。

**「自分の学力レベル」を知り、目的に応じた参考書を手に入れ、「結果思考」で行動した結果、「受験勉強を楽しんでやろう」と思えるほどの「心のゆとり」を持てるようになったのです。**

10

# 「2-6-2」の割合が、やる気を高める

## 「既知の知識」と「未知の知識」のベストバランスが、やる気につながる

受験勉強は、「自分の学力レベルに合わせて行なう」のが基本です。

大学受験を例に考えてみます。「中学レベルの学力」しかないのに、大学入試レベルの勉強をしようとしても、むずかしすぎてインプットできないでしょう。

一方、大学入試レベルの学力レベルが身についている受験生にとって「中学レベルの参考書」は、やさしすぎて、眠くなってしまうかもしれません。

もしも使っている参考書が「むずかしすぎて、やる気が出ない」のであれば、「わかるところまでレベルを下げる」必要がありますし、逆に、「簡単すぎて、やる気が出ない」のであれば、参考書のレベルを上げる必要があるでしょう。

受験勉強は、むずかしすぎても、やさしすぎても「やる気」が起きません。受験勉

強の「やる気」をうながすには、

- **「既知の知識」＝すでに知っている知識。アウトプットできる知識**
- **「未知の知識」＝新たに勉強すべき知識。理解できていない知識**

の割合がとても大事なのです。

脳科学者の茂木健一郎先生は『脳を生かす勉強法』（ＰＨＰ研究所）のなかで、「セキュアとチャレンジング」の関係について説明しています。セキュアとは「安全地帯」のこと。わかりやすくいうと「確実なもの」のことです。

**「人間は、新しいこと、不確実なことにチャレンジするにあたって、確実なものを必要とする」**

と茂木先生は言います。

つまり、受験参考書を選ぶときも、「新しいことばかり書いてある参考書」よりも、ある程度「知っていることも書かれてある参考書」のほうがいいのです。

受験生は「新しいことばかり書いてある参考書」を手に取りがちですが、「わからないこと」しか書かれていないと心理的に不安になり、やる気を失ってしまうのです。

では、どれくらい「確実なもの」を持っていれば「新しいこと」にチャレンジする気持ちを持てるのでしょうか？

勉強をはじめたばかりなら（大学受験であれば、高校1年の学力レベルまでなら）

**【既知の知識】**
・「すでに知っている確実な知識」……………2割

**【未知の知識】**
・「調べたり、解説を読めば理解できること」……………6割
・「考え抜けば理解できること」……………2割

## 「既知」と「未知」の割合が大事

### 「基礎学力」が身につく前は「2:6:2」の割合が理想

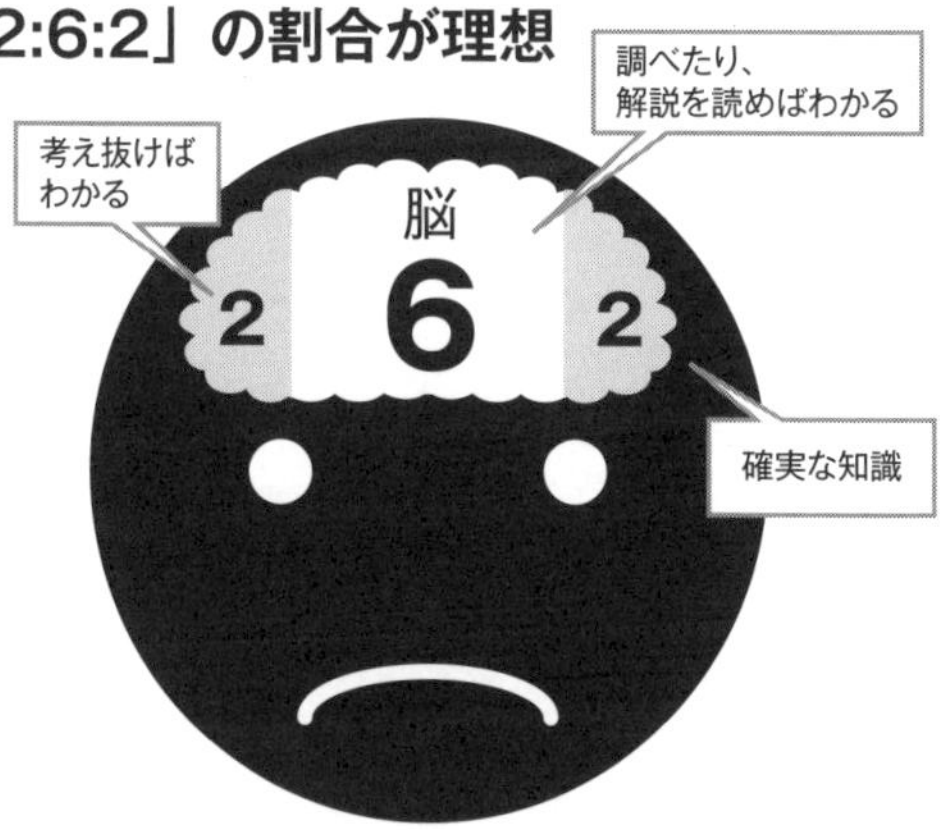


### 「基礎学力」が身についた後は「8:2」の割合が理想

の「2－6－2」の割合だとやる気が続きます。

そして基礎学力が身についてからは（大学受験では、高校2年の学力レベル以降）

**【既知の知識】**
・「すでに知っている確実な知識」……………………8割

**【未知の知識】**
・「考え抜けば理解できること」……………………2割

の「8－2」の割合が理想的だと思います。

つまり、高校1年の学力レベルの受験生は「確実なものが2割必要」で、高校2年以上の学力レベルを学ぶときは、「確実なものが8割必要」ということです。

11

# 「2割の基礎力」を制することが、「未知の8割」を制する

# 「2割の基礎力」があるからこそ、勉強が進む

たとえば英単語なら、『システム英単語Ver2』（駿台文庫）が、なかなか先に進まない」という受験生がたくさんいます。

「なかなか先に進まない」のは、参考書のレベルが高すぎるというより、この参考書を使う受験生の「既知の知識」と「未知の知識」のバランスが崩れているからです。

この参考書が「なかなか先に進まない」と嘆く受験生の多くは、**「既知の知識」が「2割に達していない」ことが多い**ようです。

「既知の知識」の量が少ないから、「調べること」が多くなってしまう。「調べること」に時間がかかってしまうため、「考え抜く」前にあきらめてしまうのです。だから「未知の知識」が置き去りにされてしまいます。

もちろん、調べることが苦痛ではない人は、調べることが多くなってもかまいませ

んが、大学受験にかぎらず、受験勉強は一般的に「調べものが少ない」ほうが継続しやすいのです。

だとすれば、**「英単語の語彙」をもう一度増やして、「既知の知識」の割合を2割以上に上げてから、その参考書に取り組む必要があるでしょう。**

実は、英単語の場合、中学1年～高校1年までのレベルをしっかり勉強していれば、それだけで「約1000～約1500語」の英単語がアウトプットできるようになります。

**この「約1000～約1500語」は、大学受験に絶対に必要な英単語の「2割」に該当**しているのです。

この「2割」が確実に押さえられていれば、「調べる」ときもそれほど時間がかかりません。「2割の英単語」があるからこそ、「未知の8割」にチャレンジできる。
中1～高1レベルの「2割の英単語」は、いわば「大学受験の最重要英単語」なのです。

## 「2割の基礎力」がなければ、ひとつ前に戻る

僕が教えた受講生のG君は、「慎重性が低く、行動力が高い」という心理特性を持っていました。

G君は、慎重性が低いため、「理解」のプロセスを軽視していました。僕が見たところ、彼の「既知の知識」は1割もなかったのですが、行動力があるため「調べること」が苦にならなかった。

そのため、「今、わからなくても、後で調べればいい」、「少々わからないことがあっ

ても、とりあえず先に進めばなんとかなる」と割り切って、どんどん参考書を進めていったのです。

でもG君は、「わかったつもり」になっていただけでした。

学力テストを実施したところ、「本来覚えておくべき、中1～高1レベルの英単語」に、かなりのヌケがあることがわかったのです。

そこで僕は、**G君を中学レベルに戻らせて、「2割の英単語」の習得に1カ月（100時間）費やすように指導。**その結果、G君は「よく質問をする」ようになった。「わからないまま次に進んでしまう」ことがなくなったのでした。

# まとめ

## 第1章 勉強の「やる気」を継続するには

◎「2つ以上の科目を並行して勉強する」とやる気が継続する

◎「1コマ」「1日」「1週間」の使い方でやる気が継続する

◎「慎重性が高い人」は、学習を早目に進める。「慎重性が低い人」は、しっかり理解する

◎「最終的に求められている知識」を身につける

◎「受験に合格した自分」を強くイメージするとそれが現実になる

◎「2割の基礎力」を制することが、「未知の8割」を制する

VICTORY VOICE 3

# 合格者の声③

## 「偏差値40台」から一橋大学に現役合格！

「9割式勉強法」を受ける前は、勉強しても成績が上がらずに苦しんでいました。

あとから原因がわかったのですが、**成績が上がらなかった理由は、「自分の学力に合っていない参考書」を使っていたから**です。

「中学レベルの英語」さえわからないのに「自分は高校生だから」というだけで、『システム英単語』や『Next Stage英文法・語法問題』を勉強したり、言葉の意味もわからないのに現代文の問題集を解いたりしていました。

やる気だけは十分あったのに、成果がともなわない。「どうせ私はできない人なんだ」と、なかばあきらめていました。

そんなとき、「9割式勉強法」を知りました。

最初の取り組みは、「中学英文法」からのスタートだったので、成績はすぐには上がりませんでした。実際、偏差値が40台から50に上がるまでに、半年以上かかったと思います。ですが……、理解できることが確実に増えていくのを実感。文章の展開が手に取るようにわかるようになり、もともと得意だった日本史の学力もあいまって、現役で「一橋大学」に合格できたのです。

（鈴木麻里　一橋大学・商学部）

VICTORY VOICE 4

## 合格者の声④

### 自分にジャストフィットな勉強法

「勉強を教えてくれるならまだしも、勉強法なんて……」と、最初は、「9割式勉強法」に懐疑的でした。ところが、今まで敬遠してきた参考書が意外にわかりやすく学べたことで、先生への評価が変わりました。

はじめて数カ月。70近くあった偏差値が50後半まで下がり、ショックと恐怖で「やはり辞めようか」と悩んでいたときに、松原先生からの「3日間、勉強を忘れて遊べ！」とのアドバイス。驚きました。

本当に好きなことだけをして、一度も机に向かわずに3日間を過ごしました。2日目の夜には、ゆううつも消え、「先生と一緒にやっていこう」という気持ちに切り替わったのです。

再び勉強を再開。一見、勉強とは関係のない本まで、結果的には論理的思考をサポートしてくれ、また、一番の弱点であった「精神面」をカバーしてくれました。

受験は本当に孤独で、自分自身との闘いですが、だからこそ、「信頼してついていける存在」を持つことが重要なポイントです。私には、それが松原先生でした。**自分にジャストフィットな勉強法は、心身ともに、受験を闘っていく武器になったと確信しています。**

（井田歩　某国立大学・経済学部（早稲田大学・社会科学部合格））

# 第2章

# 自分の学力に合った「効果的な勉強法」

An effective learning method: achieving a high percentage of success

12

# 「理解する」「覚える」「アウトプットする」と本当の学力が身につく

# 「理解する」「覚える」「アウトプットする」の効用を理解する

受験勉強には、①「理解する」、②「覚える」、③「アウトプットする（使いこなす）」という「3つの目的」があります。

**目的①【理解する】**

「理解する」とは、「全体の流れを押さえること」です。

たとえば大学受験の英文法であれば、『くもんの中学英文法』（くもん出版）のような中学基礎レベルの参考書を学び、「英文法には、こんな法則があるんだ」ということを「体系的に理解」してから、難易度を上げていくべきです。

大学受験も資格試験も、「受験勉強」というものはすべて、「全体の流れを最初に押さえる」ことからはじめます。**「全体の流れを押さえた体系的な理解」がないまま「丸**

**暗記する」人がいますが、一度「理解」する過程をふまないと、学力の伸び幅がとても少なくなってしまいます。**

たとえば「英単語」はかなり「暗記系」のものですが、それでも「語源」や「規則性」といったような「英単語の全体的な法則性」をわかったうえで「暗記」すると、格段に覚えやすくなるのです。

**目的②【覚える】**

「覚える」とは、「反復し、記憶に定着させること」です。

英単語を暗記するとしたら、1回に費やす時間は短くていい。「1単語2秒」くらいでも十分でしょう。ただし、1回見ただけでは定着しませんから、**「何度も繰り返して復習する」ことが大切**です。

ドイツの心理学者、ヘルマン・エビングハウスは、「一度覚えたものでも、時間が経過するにしたがい忘れてしまう」として「忘却曲線」を発表しました。

## エビングハウスの忘却曲線

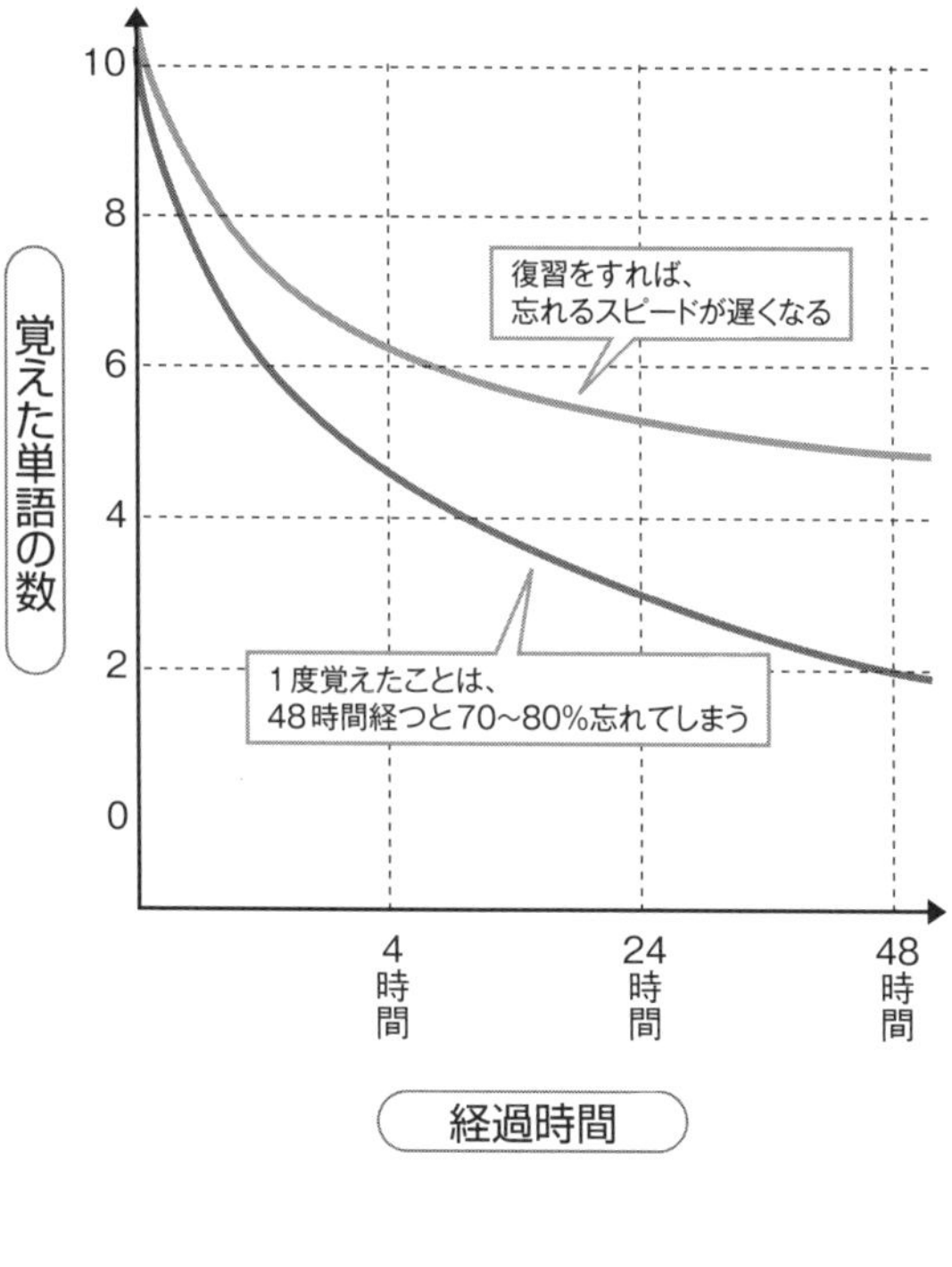

エビングハウスによると「10個の単語を覚えたとき、どれくらいのスピードで忘れていくか」を測定。その結果、「一度覚えたことは、48時間後（2日後）には、70〜80％忘れてしまう」ことがわかったのです。

**【10個の単語を1回で覚えたときの、忘れる速度】**

・4時間後↓「約5個」忘れる
・24時間後↓「6、7個」忘れる
・48時間後↓「7、8個」忘れる

しかし一方で、繰り返し復習すれば忘れるスピードが遅くなり、**「復習を3回すれば、48時間後でも半分程度の単語を覚えていられる」**ことがわかりました。「復習する回数が多いほど、忘れにくくなる」ことが実証されています。

脳科学者として知られる東京大学の池谷裕二先生も「復習の重要性」を唱えています。池谷先生によれば、「2カ月間に4回の復習を行なえば、記憶が定着しやすくなる」そうです。

ちなみに僕が指導する「インターネット予備校ロジック」「早慶合格実践会」では、**知識を確実に定着させるため、「2カ月間に4回」よりも多い、「2カ月間に5回の復習」を提案しています。**

もし、「5回復習」しても覚えられないとしたら、それは「理解するための勉強」が不足していると考えられます。

ちなみに「6回以上の復習」は、「5回目までの復習と同じ効果しかない」といわれています。したがって「10回復習」をしても「5回の復習」と同じ効果しか得られませんので、時間の浪費になってしまいます。

**【効果的な復習のタイミング】**

・1回目の復習……勉強当日の就寝前

・2回目の復習…………翌日
・3回目の復習…………2回目の復習から1週間後
・4回目の復習…………3回目の復習から2週間後
・5回目の復習…………4回目の復習から1カ月後
（※日付をノートに書くなどして、復習した日と回数を管理しておきましょう）

**目的③【アウトプットする】**

**「アウトプットする」とは、「理解し、覚えた知識を、実際に使いこなす」ことです。**

たとえば、「英文読解」であれば、「理解し、覚えた英単語や文法の知識」を使って、「訳す」ことがアウトプット。「訳す」ことで「本当に理解し、覚えられることができる」ようになります。言い換えると、本当に理解し、覚えていなければ、アウトプットできません。

僕は受験指導の一環として、学力レベルの高い受験生をアルバイトさんとして雇い、

「基礎レベルの受験生の指導」に当たらせることがあります。

アルバイトさん（学力レベルの高い受験生）のなかには「どうして基礎的なことばかり教えなきゃいけないのだろう。時間のムダではないか」と疑問を口にする人もいますが、指導を続けていくうちに、考えをあらためます。

なぜかというと「人に教える」というアウトプットが、「わかり切っていると思っていたことが、実はわかっていなかった」ことを実感させてくれるからです。

**「人に教える」という行為は、「自分が持っている知識をわかりやすく相手に伝える作業」ですから、「自分自身の知識の見直しと定着」につながるのです。**ぜひ、みなさんも、友人などに「教える」作業をしてみてください。その作業が、「あなたの学力の向上」に大きく貢献してくれることでしょう。

## 「3ステップ」で基礎〜東大まで、モレなく学習できる

詳しくは169ページ以降で後述しますが、本書では、合格までに必要な学力のレベルを「3つのステップ」に分けて考えていきます。いったん「既知の知識」が多いレベルまで戻り、知識のモレをなくしてから段階的に「未知の知識」を学習します。

**【合格までに必要な3ステップ】**

・【ステップ①】基礎レベル（中学〜高1までの基礎）
・【ステップ②】センター試験レベル
・【ステップ③】東大・早慶・国公立レベル

【ステップ①】ならアウトプットするだけの知識はありませんから、「覚えること」「理解すること」にウエイトを置いて勉強をすべきです。

## 「3つのステップ」で学力アップ！

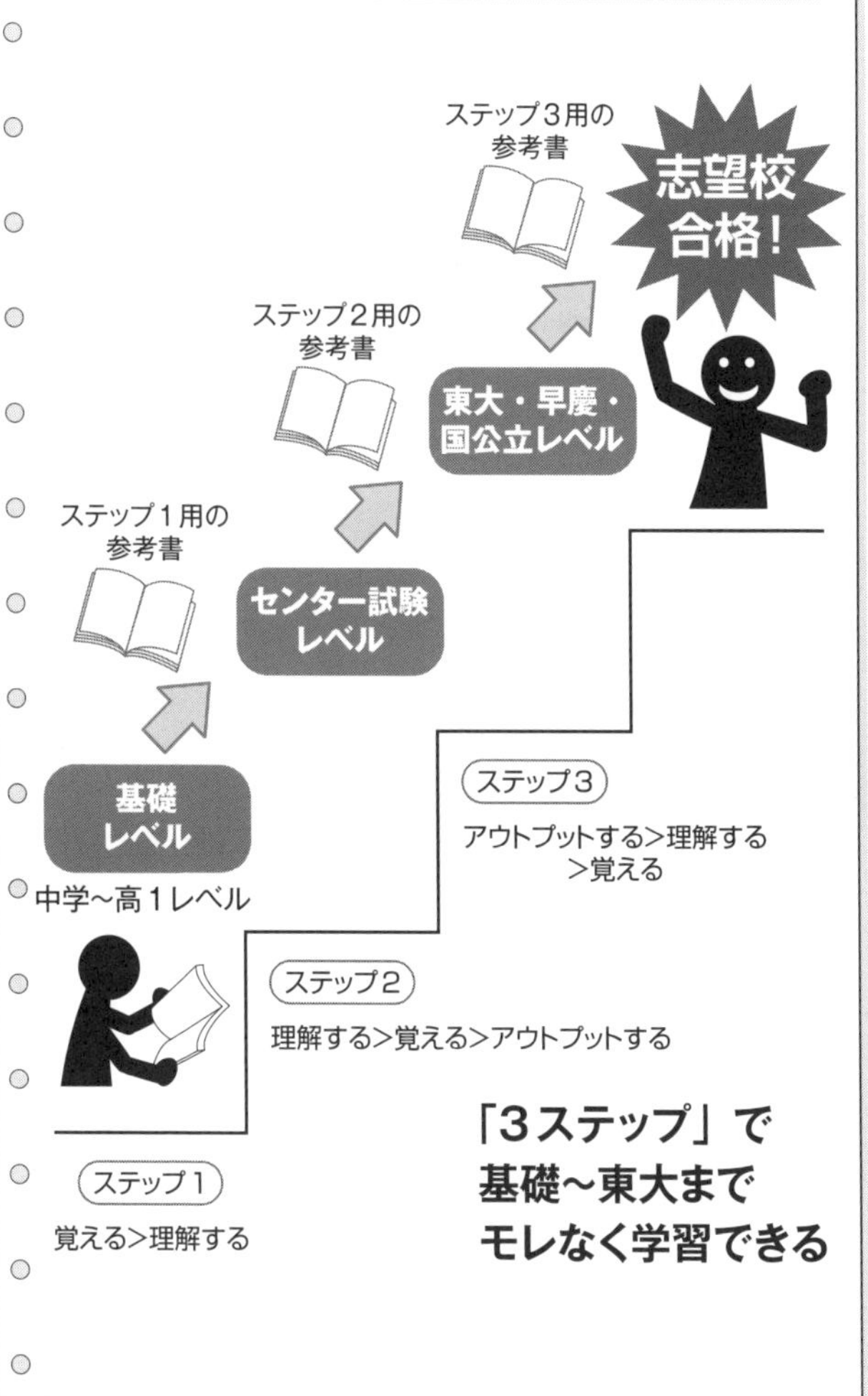
ステップ3用の参考書
志望校合格！
ステップ2用の参考書
東大・早慶・国公立レベル
ステップ1用の参考書
センター試験レベル
基礎レベル
中学～高1レベル
ステップ3
アウトプットする>理解する>覚える
ステップ2
理解する>覚える>アウトプットする
ステップ1
覚える>理解する
「3ステップ」で基礎～東大までモレなく学習できる

【ステップ②】は、【ステップ①】で覚えたことを使って「理解する」ようにする。そして【ステップ③】では、過去問や問題集に取り組むなど、「蓄えた知識でどれだけ解答できるか（使いこなせるか）」を見極めていきます。

・【ステップ①】（基礎レベル）…覚える＞理解する
・【ステップ②】（センター試験レベル）…理解する＞覚える＞アウトプットする
・【ステップ③】（東大・国公立・早慶レベル）…アウトプットする＞理解する＞覚える

また、本書では、それぞれのステップに応じた市販されている「参考書」だけを使って、大学に合格するための「参考書リスト」を268ページ以降で、公開しております。

この参考書は2000冊のなかから選びに選び抜いたもので、僕の指導する生徒たちを、東大・早慶・難関国公立などに9割以上の確率で合格に導いた、「最高の参考書」たちです（※社会人が勉強する際の「効率的な学び直し」にも最適）。

# 13

# 「自分の学力」に合った参考書でなければ、成績は伸びない

# 「みんなが使う参考書」だからといって、成績が上がるわけではない

みなさんのなかには、さまざまな「参考書」をすでにお使いの人がいると思います。

ではひとつ、質問しますね。

「どうして、その参考書を選んだのですか？　その参考書を選んだ理由を教えてください」

僕が指導する「インターネット予備校ロジック」「早慶合格実践会」に入会したばかりの受講生は、「参考書の選び方」がわかっていません。だから成績が伸び悩んでいるわけですが……、彼らに同じ質問をすると、おおむね、次のような答えが返ってきます。

・「みんなが使っているから」
・「参考書の定番といわれているから」
・「予備校の先生や先輩にすすめられたから」
・「書店で平積みされていたから」

みなさんは、どうでしょうか？　もちろん「みんなが使っている参考書」や「すすめられた参考書」で勉強してもかまいません。「みんなが使う」からには、それなりに理由があるからです。ただしそれは、

**「自分の学力に合っている場合にかぎる」**

というのが僕の考えです。
たとえ「みんなが使っている参考書」を完璧に学んだつもりになっても、「自分の学力に合っていない参考書」であったなら、学習効果はそれほど期待できないでしょう。

受験生のA君は、「英語が苦手だから、英語が得意な友だちにすすめられた参考書で勉強しよう」と考え、『Ｎｅｘｔ　Ｓｔａｇｅ英文法・語法問題』（桐原書店）という英文法の本を集中的に勉強しました。

そして、「これだけ勉強したのだから、ある程度は成績が上がっただろう」と期待して模試に臨んだところ、結果はさんざん。なぜならA君は、「基礎力」が欠如していたため、「長文読解」がまったく解けなかったのです。

A君は、文法を学ぶより先に「基礎的な単語力」と「基礎的な文法の理解力」をつけておくべきでした。したがって、『Ｎｅｘｔ　Ｓｔａｇｅ英文法・語法問題』（桐原書店）は「その時点のA君の学力レベルには合っていなかった」、「取り組むのが早すぎた」といえそうです。

**A君の失敗は、「今の自分の学力の状態を知らなかった」→「今の自分に必要な参考書を選ぶことができなかった」ことにありました。**

# 「自分の学力に合った参考書」を使うと、やる気が出る

自分の学力に合っていない参考書を使っていると、勉強に対する「モチベーション」が下がってしまいます。

自分の学力よりも参考書のレベルが高いと、読んでもわからないことばかり。わからないから「どうせ自分は頭が悪いんだ」と悲観したり、落ち込んだり、後ろ向きになったり、やる気を失ったりするのです。

たとえば英語。英単語の基礎知識が不足している時期に『単語王２２０２』（オー・メソッド出版）の内容は、むずかしく感じると思います。

けれど、基礎力が不足している時期に『ユメタン０中学修了〜高校基礎レベルＣＤ付』（アルク）を使えば、入門レベルの英単語しか掲載されていませんから、基礎知識が不足しているときに読んでも、むずかしさを感じないでしょう。

14

# 約8割の受験生が、「中学生レベル」の学力しかない

## ほとんどの受験生が、自分の実力を過大評価している

早稲田大学時代に読んだ本に、興味深いことが書かれていました。心理学の見地から「社会の階層化」をとらえると、

**「多くの人が、自分は中間層以上の人間である」**

と考える傾向にあるのだそうです。受験生もしかり。

多くの受験生は、「自分はすでに基礎を終え、その上の学力を持っている」と思い込んでいます。でも、本当にそうでしょうか……？

私が指導する「インターネット予備校ロジック」では、入会時に「学力判断テスト」を行ない、「現状の学力レベル」を測定しています。

「学力レベル」は、学校の成績、模試の偏差値、模試の得点率、受験勉強に費やした時間などをふまえ、総合的に判断していますが、その結果（とくに英語の場合）、

## 「約8割の受験生が、中学1年生から学習し直したほうがいいレベル」

にいることがわかりました。

つまり、基礎知識に無視できないヌケやモレがあるのに、「ほとんどの受験生は、自分でそのことに気がついていなかった」のです。

あなたが大学入試を控えた受験生だとしたら、「8割の受験生」のなかに入っている可能性が大いにあります。

「そんなことはない」と思っていますか？　ではためしに、123ページの「設問」を説いてみてください。

もし答えられなければ、あなたはあきらかに「8割の受験生」の仲間です。

【設問】次の英文の内容から、正しいといえる「解答」を1つ選びなさい

**He has not been studying for one year.**

①彼は、もう1年間も勉強をしていないが、今はしている。

②彼は、1年前の時点では勉強をしていなかった。半年前はしていたかもしれない。

③彼は、この1年間は勉強をしていないが、2年前はしていたかもしれない。

答え ③

## 「123ページの解答」

**「過去形、現在形」は、「あるときという点」としてとらえる。**

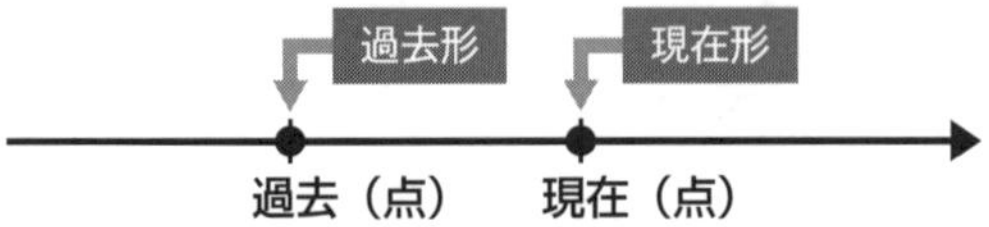
過去形
現在形
過去（点）
現在（点）

**「現在完了形」は、「過去から現在までず～という線」としてとらえる。**

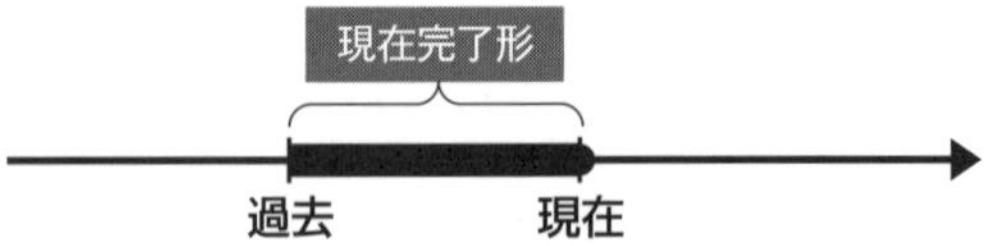
現在完了形
過去
現在

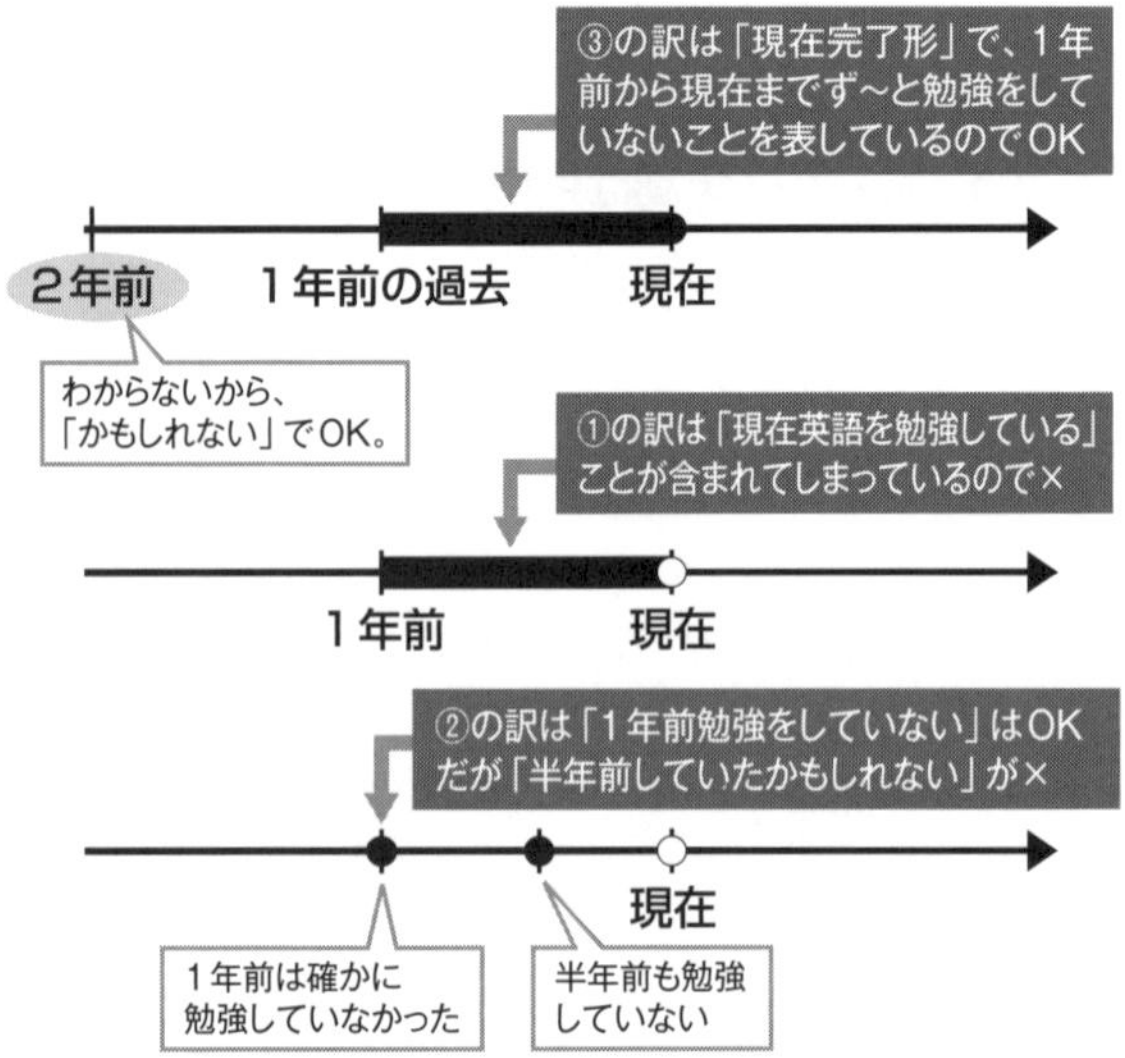
③の訳は「現在完了形」で、1年前から現在までず～と勉強をしていないことを表しているのでOK
2年前
1年前の過去
現在
わからないから、「かもしれない」でOK。
①の訳は「現在英語を勉強している」ことが含まれてしまっているので×
1年前
現在
②の訳は「1年前勉強をしていない」はOKだが「半年前していたかもしれない」が×
現在
1年前は確かに勉強していなかった
半年前も勉強していない

15

# 3カ月で「偏差値」45→70の理由

## 「中学レベル」に戻る勇気が成績を上げる

進学校に通っていたST君は、高校2年時に偏差値が45しかありませんでした。ところが勉強をはじめて「わずか3カ月」で偏差値が70を超え、地元のテレビで紹介されるほど急成長したのです。

ではST君は、どのような勉強をしたのでしょうか？

**ST君は、「下のレベル」に戻った**のです。

高校2年生の彼は、当然、自分が高校2年生のレベルにいるものだと思いこんでいました。

勉強もそれなりにやっているつもりだったし、ある程度、自信があったようです。

ところが……、模試の結果は「偏差値45」。この結果にST君は、「はじめて自分の学力レベルに気づかされた」と言います。

そこで、それまで使っていた参考書を捨て、思いきって「中学1年生のレベル」まで戻る決意をしました。

ST君が手にした参考書は、『くもんの中学英文法』（くもん出版）。

**中学レベルに立ち返って「英文法の基礎」を掘り下げたST君は、この1冊だけで偏差値が大幅にアップしたのです**（ST君は、「関係代名詞」を基礎から学んだことで『英文の構文』を体系的に理解することができました。その結果、大幅な成績アップにつながったのです）。

16

# 「中学レベル」に「戻る勇気」を持て

# 「中学レベル」に戻ることを怖がらない

もう一度、大切なことを言います。

**8割の受験生が「中学レベルの知識が抜け落ちている」**

のに、そのことに気がついていません。

これが最大の問題なのです。そして、「自分は中間層にいる」、「基礎（中学レベル）を学ぶ段階は終わっている」という思い違いが、成績が上がらない最大の理由なのです。

受験までの残りの日数を考えれば、「少々のヌケやモレ」には目をつむり、すぐに「志望校対策」をはじめたい気持ちもたしかにわかります。けれど、次のレベルに進んだからといって、「ヌケやモレ」がなくなるわけではないのです。

**「ヌケやモレ」をなくすには、「戻る勇気」を持つしかない**のです。

「中学レベルに戻る」ことを怖がらないでください。

ＳＴ君のように「戻る勇気」を持つことこそ、結果的には最短で合格する道筋となるのです。

# まとめ

## 第2章 自分の学力に合った「効果的な勉強法」

◎「理解する」「覚える」「アウトプットする」と本当の学力が身につく

◎「3ステップ」で基礎～東大まで、モレなく学習できる

◎「自分の学力」に合った参考書でなければ、成績は伸びない

◎「自分の学力に合った参考書」を使うと、やる気が出る

◎約8割の受験生が、「中学生レベル」の学力しかない

◎「中学レベル」に戻る勇気が成績を上げる

VICTORY VOICE 5

## 合格者の声⑤

**早稲田大学・法学部に逆転合格！**

高2の冬、受験を意識しはじめたものの、参考書を買っては、途中で放り出してばかり。そこで、「9割式勉強法」を受けることに決めました。**「現状の自分に合った指導」と、「合格につながるたしかな戦略」を提示してくれるものは、先生の指導法以外、見つかりませんでした。**

現役時は、全滅でした。原因は自覚しています。提示された参考書を納得するまで理解しなかったからです。気ばかり焦ってしまい、理解が浅いまま、とにかく先に進めてしまったのです。

浪人時は、予備校に通いながら「9割式勉強法」を継続しました。現役時よりもマシにはなりましたが、それでも模試はパッとせず、「自分には才能がないのでは……」と思い悩む日々が続きました。

けれど、松原先生をはじめとするスタッフのサポートに支えられ、モチベーションを維持できたのです。

直前期は、自習室にこもりっきり。今の大学に行けたのも、直前期の学習のおかげだと思いますので、「逆転合格」といえるかもしれません。

大隈記念特別奨学金をいただいて、「早稲田大学・法学部」に入学できたので、十分すぎるほど満足しています。

（末宗達行　早稲田大学・法学部）

VICTORY VOICE 6

# 合格者の声⑥

## 「自分に合った参考書」で東大に合格！

高１から東大を目指していました。周囲からは「無理だ」と言われましたが、どうしても行きたかった。

１日に７時間以上、学校が終ってから学習していました。そんな日々を半年過ごし、ようやく「偏差値52」に。

半年前は「偏差値51」。これだけ勉強しても、偏差値はわずか「１」だけしか上がりませんでした（笑）。

さすがにやる気を失い、「自分の学力がなぜ伸びないのだろう？」と悩んだ末に出合ったのが「９割式勉強法」。

先生から提示された参考書は、『くもんの中学英文法』（くもん出版）。さすがにこれには抗議しましたが（笑）、「中学という言葉とは裏腹に、高度な文法理解が得られる名著」という先生の言葉を信じてみることに。「公立高校入試を乗り切った」という私のプライドが、「本当に必要な（中学生向けの）参考書」を遠ざけていました。先生は、そのことに気づいていたのでしょう。

**「自分に合った参考書」を見つけるだけで、成績は大きく飛躍します**。あとは正しい勉強法を実践し、コアとなる１冊を丁寧に学習すること。そのあとに同じレベルの問題集で知識の習熟度を確認する。伸び悩む受験生には、ぜひ実践してほしいと思います。

（S・T［女］東京大学・文科Ｉ類）

# 第3章

An effective learning method: achieving a high percentage of success

# 「3ステップ」で最短マスター「英語」「現代文」「数学」

# 17

# 8割の人が「英語がわからない」↓「英語がわかる」に変わるポイントがある

## 英文の「1文」を正しく読めるようにする

もはや英語は、現代人の「必須アイテム」といえるでしょう。したがって、受験生もビジネスマンも、今後のキャリア形成のために、しっかり学んでほしいと思います。大学受験レベルの英語力があれば、『ニューズウィーク』は読めますし、最低限のコミュニケーションも可能です。

「英文が読める」ということは、受験生にとっての意義は十分理解できると思いますが、社会人の方にとっては、「なんだ、読めるようになるだけで、話したり聞いたりができないのか…」とがっかりされたかもしれません。

しかし心配にはおよびません。**「英文読解」を通じてビジネスで最低限必要となる英文法と、英単語、イディオムは定着します。**

また、おサイフケータイのクレジット発案者として世界的に著名な平野敦士カール氏も、その著書『たった一人で組織を動かす　新・プラットフォーム思考』（朝日新聞出版）のなかで「なぜかというと、ビジネス英語というものは実は存在していないのです。もちろん専門用語は別途覚える必要があります。しかし受験英語を一生懸命勉強すれば、それで十分事足りるのです」とおっしゃっています。

どんな企業のビジネスマン・ウーマンも「英語が必須になる時代」になります。もう数年もすればそうなるともいわれています。

ですので、**「1文の英語文章を正しく読めること」で、社会人として生きる基礎を得られるなら、やるしかありません**。受験生も「英語は将来、自分の仕事に役に立つんだ」という将来的な展望を持って取り組んでほしいと思います。

英語を勉強するうえで目標となるのは、おもに、

①「1文が理解できる」ようになること
②「文章全体が読める」ようになること
の2つに集約することができます。

とくに「1文が理解できる」ことは、大変重要なポイントであり、実は、英語を勉強する学生の8割がつまずいているポイントなので、少し長くなりますが、「図解」で解説しましょう。

ですが、**「英語がわからない！」と言っている人の「8割」が、次の解説を読むことで、「英語がわかる！」に変わってくれる**ことと信じています。

少し長くなりますが、お読みいただけますか？　もちろん、本書をここまでお読みの方であれば、「英語がわかる！」ようになれるのであれば、これぐらいはラクラクお読みいただけるはずです。

# これさえわかれば「英語がわかる!」

英語の学習において大事なこと。それは

■「一文を正確に理解すること」

です。「一文を正確に理解すること」が完全にできれば、「文章全体が読めるようになること」もできるということです。だって文章全体というのは一文一文の集合体でしかないのですから。

でも、この「一文を正確に理解すること」が、8割の中学生や高校生ができていないのです。あなたもそのひとりかもしれません。これまで英語の授業をどのくらい受けましたか？　少なくとも100時間は受けてきたはずです。それなのに、「一文を正確に理解すること」ができない…。

では、今から10分であなたの「英語嫌い」を治してあげましょう。

英語がわからない。英語が読めない。その原因は何だと思いますか？

本書の192〜193ページでも後述しますが、「わかることとは、分けること」なわけですから、「英語がわからない」=「英語を意味の区切りで分けられない」ということなのです。では、どうやって「英語を意味の区切りで分けていく」のか？

ではまず、あなたに「暗記してもらいたい最低限の項目」があります。
これが「暗記」できれば、英語がわかるようになります。
でも、最低限、これを「暗記」できないと英語がわかるようになりません。
英語ができるようになりたいのでしたら、最低限ここだけは「暗記」してくださいね。

**【法則1】英単語は「S（主語）、V（動詞）、O（目的語）、C（補語）」に必ず分類できる**
**【法則2】英文は「5パターンの文型」に必ず分類でき、1つの文章には必ずSとVが1つしかない**
**【法則3】英語は「長い修飾（説明）は後ろに置く」**

というこの「3つの法則」を、一度、「暗記」してみてください。

「暗記」できました？　では、次へいきますよ。

まず、
**【法則1】英単語は「S（主語）、V（動詞）、O（目的語）、C（補語）」に必ず分類できる**について解説しましょう。

**Sは主語のこと**　（「名詞」がなることができる。名詞とはヒトやモノやコトをあらわす単語）
**Vは動詞のこと**　（当然「動詞」がなることができる。動詞とは動作をあらわす単語）
**Oは目的語のこと**（「名詞」がなることができる）
**Cは補語のこと**　（「形容詞or名詞」がなることができる。形容詞とは様子をあらわす単語）

をあらわしており、英単語は必ず上記のS（主語）、V（動詞）、O（目的語）、C（補語）のどれかに該当するんですね。つまりどれかに「分けられる」ということです。これは「暗記」してください。

では次、
**【法則2】英文は「5パターンの文型」に必ず分類でき、1つの文章には必ずSとVが1つしかない、**についてですが、これも頑張って「暗記」してください。

答えから先に言うと、英文は次の「5パターンの文型」にしか分けることができません。つまり、次の「5パターンの単語の並び順」にしかならないということです。

**「ＳＶ」＝「主語＋動詞」＝第１文型**　（意味は、ＳがＶする）
**「ＳＶＣ」＝「主語＋動詞＋補語」＝第２文型**
（意味は、ＳはＣである）
**「ＳＶＯ」＝「主語＋動詞＋目的語」＝第３文型**
（意味は、ＳがＯをＶする）
**「ＳＶ$O_1O_2$」＝「主語＋動詞＋目的語＋目的語」＝第４文型**
（意味は、Ｓが$O_1$に$O_2$をＶする）
**「ＳＶＯＣ」＝「主語＋動詞＋目的語＋補語」＝第５文型**
（意味は、ＳはＯがＣにＶする）

これだけです。英文は必ず上記の「５パターンの文型」（＝「５パターンの単語の並び順」）になり、この「５パターンの単語の並び順」以外の英文は存在しません。

具体例を挙げると、下記のようになります。たとえば、

**「ＳＶ」＝第１文型**

I go.（私は行く）
S V

**「ＳＶＣ」＝第２文型**

The drink is hot.（そのドリンクは熱い）
S V C

「ＳＶＯ」＝第３文型

I love you.（私はあなたを愛している）
S V O

「$SVO_1O_2$」＝第４文型

I give you the guitar.（私はあなたにギターを与える）
S V $O_1$ $O_2$

「ＳＶＯＣ」＝第５文型

I make you professional.（私はあなたをプロにする）
S V O C

というように、英文は必ず、この「５パターンの単語の並び順」に分類できるのです。

ですので、

**「The drink hot is＝ＳＣＶ」という単語の並び順や、「I you love＝ＳＯＶ」という単語の並び順の英文は、基本的には存在しません。**

そう考えると、「英語はかなりルールのある文章の構造を持っている」といえますよね。


たとえば、下記の文章を見てください。

The drink is hot.

上記の英文は、「５パターンの文型」のうち、第２文型「ＳＶＣ」に分けられるのです。
（※「is」の後ろには「Ｃ」がくるのがほとんどというルールがあるので…これも暗記してくださいね）

The drink is hot.
S V C

文字の意味は、The drink＝その飲み物（名詞）、is＝です（動詞）、hot=熱い（形容詞）です。

ここまでは、理解できますね。大丈夫ですね。
では、次の英文はいかがでしょうか？

The drink on the table is extremely hot.

さて、ＳＶＯＣに当てはめようとしましたが、うまくいきません。
でも、なんとか当てはめようとしたら、下記になりました。

The drink on the table is extremely hot.
S V C

あれ？？？？

**「on the table」と「extremely」がＳＶＯＣのどれにも分類できません！**

さぁ、困りましたね。でも、実は、ここに「英語がわからない理由」があるんですよ。

on the table と extremely

まず簡単なextremelyから。これは「とてつもなく」という意味の「副詞」なのです。
「副詞」というのは形容詞や動詞を説明する言葉で「修飾語」と呼ばれます。
この「修飾語（説明する言葉）」が英語をむずかしくしている「犯人」なのですね。

この場合、「hot=熱い」という形容詞を、「extremely＝とても」という副詞が、修飾しているんですね。普通の「熱い」ではなく、「とても熱い」ということです。

**【英語の語順】**

extremely hot.

**【日本語の語順】**

とても　熱い

「英語の語順」は、前にあるextremelyが後ろのhotを「修飾」している。

これは日本語に置き換えてみると、前にある「とても」が後ろの「熱い」を「修飾」しているので、「言葉の並ぶ順序＝語順」としては、日本語と同じ語順なのですね。

なので「副詞は形容詞を修飾している（説明している）単語」なので、extremely hot、この２つの単語を合わせて、１つの「C」として分類するのです。つまり、

**The drink** on the table **is** (extremely) hot.
S V C

ここまでは、大丈夫ですか？


さて、ちょっとむずかしい「on the table」をやりましょう。

なぜむずかしいか？

それは、「日本語にない表現形態」であり、それはつまり「日本語にない語順（言葉の並び順）」だからです。逆に言えばその「英語特有の語順」を知れば簡単なのです。

その「英語特有の語順」とは？　一言で言えば、

**【法則３】英語は「長い修飾（説明）は後ろに置く」**という法則です。

種明かしをすると、「on the table」（机の上の）という長

い修飾は「The drink」（飲み物）という名詞を、後ろから修飾しているのです。

※ちなみに「on the table」のように「前置詞＋名詞」で、修飾語の働きをします。
これは「暗記」するしかないので、「前置詞＋名詞」＝修飾語と覚えてくださいね。

**The drink （on the table）** ＝ 机の上の飲み物

そう、日本語は「机の上の」→「飲み物」というふうに、前の「机の上の」が後ろの「飲み物」を修飾（説明）していますね。このように、日本語は長い修飾（説明）でも前から説明する。だけど英語は違う。

**【英語】**

**The drink （on the table）**

〔名詞＋長い修飾（説明）〕

**【日本語】**

机の上の 飲み物

〔長い修飾（説明）＋名詞〕

以上を踏まえると、
〔The drink on the table〕
これを１つのカタマリとみなす。そうすると、The drink on the tableはカタマリとして「Ｓ」に分類されるんです。

すると、

The drink on the table is extremely hot.

は、下記のように、

The drink (on the table) is (extremely) hot.
S V C

と、綺麗に分類されました。

さて、ここまでで少しわかりましたか？　あなたが英語を理解できなくなる理由。

もう一度復習しましょうか？　そうです。英語は、

**【法則1】英単語は「S（主語）、V（動詞）、O（目的語）、C（補語）」に必ず分類できる**
**【法則2】英文は「5パターンの文型」に必ず分類でき、1つの文章には必ずSとVが1つしかない**
**【法則3】英語は「長い修飾（説明）は後ろに置く」**

というこの「3つの法則」を知らなかったために、あなたは英語が読めなかったのです。

でも、これさえ「暗記」してしまえば、必ず英文が読めるようになっていきますよ。

さて、実は…、
英語は「長い修飾（説明）は後ろに置く」という法則の代表選手がいます。それは、みなさんが苦手とする「関係代名詞」です。今からこの英語がわからない大きな要因の1つである「関係代名詞」を理解できるように説明しますね。

では、最初に「関係代名詞」入りの英文を見てください。

**The drink you enjoy is extremely hot.**

まず、最初に単語の意味をチェックします。

**the** …「その」（特定の何かをいうときに名詞の頭に付く）
**drink** …「飲み物」
**you** …「あなた」
**enjoy** …「〜を楽しむ」
**Is** …「です・である」
**extremely** …「とてつもなく」
**hot** …「熱い」

ここまではいいですね。

さて、この英文に、名詞、動詞、形容詞をふっていくと……

The drink you enjoy is extremely hot.

| The drink | you | enjoy | is | extremely | hot. |
|---|---|---|---|---|---|
| 名 | 名 | 動 | 動 | 副 | 形 |

となります。あれれ？？

**名詞＋名詞＋動詞＋動詞＋副詞＋形容詞となってしまって、S、V、O、Cを無理に当てはめるとすると、**

The drink you enjoy is (extremely) hot.

| The drink | you | enjoy | is | (extremely) hot. |
|---|---|---|---|---|
| S | S | V | V | C |

になってしまいますよね？？　この文章は「英文として間違っている」のでしょうか？
いいえ、実は、この英文は間違っておりません。
実は、上記の英文は正しいのですが、日本の中学生、高校生の８割が、正確に訳すことができません。でも、大丈夫。

実は英語は先ほどのように、
**【法則３】英語は「長い修飾（説明）は後ろに置く」**という法則

にしたがって、S、V、O、Cに当てはまらないように見える単語を「修飾語のカタマリ」として見ることで、

**【法則１】英単語は「Ｓ（主語）、Ｖ（動詞）、Ｏ（目的語）、Ｃ（補語）」に必ず分類できる**
**【法則２】英文は「５パターンの文型」に必ず分類でき、１つの文章には必ずＳとＶが１つしかない**

という法則が当てはまるようになって、一文をスラスラ読むことができるんですね。
さて、では、英文を見ていきましょうか。

The drink you enjoy is extremely hot.

の英文ですが、

The drink you enjoy is ～
㊔ ㊔ 動 動

の時点で「あれれ？　おかしいぞ？」と思うわけですね。

「名詞＋名詞＋動詞＋動詞」が連続してあるわけですが、
**【法則２】英文は「５パターンの文型」に必ず分類でき、**
**１つの文章には必ずＳとＶが１つしかない**わけですから、
「ＳＶ」「ＳＶＣ」「ＳＶＯ」「ＳＶＯＯ」「ＳＶＯＣ」のどれかになっていなければならないのに、この時点で、

The drink you enjoy is 〜
(名) (名) (動) (動)

となっているということは、先ほどの英文「The drink on the table」のように、

The drink (on the table) = 机の上の飲み物

といった形で**「後ろから修飾」されている「Sのカタマリがあるのだろうなぁ」**と予測することができるわけです。

このように、「and」や「or」などの「接続詞」がないのに、「動詞が2個以上ある」ときは「関係代名詞による修飾が行なわれている」ことを疑ってください。

そして、ここからは「暗記」するしかないのですが、

**「関係代名詞の構造」=「名詞を後ろから修飾する1つの文章（つまりSとVが1つずつある）」**


と、暗記してください。これは暗記するしかないですよ。

そうしますと…、

The drink you enjoy is extremely hot.

は、

〈The drink（関係代名詞you enjoy）〉 is 〈（extremely）hot.〉
S V C

ではないのかな？　と類推しつつ、〈The drink you enjoy〉が「Ｓのカタマリなのだろうなぁとガバッとつかむこと」が文意を把握するのに大切なんですね。

すると、**【法則２】英文は「５パターンの文型」に必ず分類でき、１つの文章には必ずＳとＶが１つしかない**わけですから、今回の英文は、

〈The drink（you enjoy）〉 is 〈（extremely）hot.〉
S V C

の「ＳＶＣ＝第２文型」だなと、類推できるわけですね。
※「5パターン」のさらなる詳細は、『もっとつながる英文法』（ディスカヴァー21）を読んでみてください。

そうなると次の課題は、Ｓの「〈The〉〈drink〉〈you〉〈enjoy〉」のなかの単語がどのようなカタマリなのか？　ですよね。

このカタマリをつくっている原因こそ日本中で英語嫌いを生んでいる「関係代名詞」なのです。
それは、もう何度も出ましたが、英語は**【法則３】英語は**

**「長い修飾（説明）は後ろに置く」の法則**なんです。

さて、

Sの「〈The〉〈drink〉〈you〉〈enjoy〉」の部分は、

これは、最初に答えを言うと、下のように分けられます。

**The drink** **[you enjoy]**

四角で囲っているところがThe drinkを説明している「修飾の部分」です。とりあえずそういうものだと思ってください。

**The drink** ← **[you enjoy]**

（The drinkを説明する）

日本語は「[あなたが楽しむ]飲み物」のように「飲み物」を前から説明しますが、英語の場合、後ろに説明をつけるんです。なんでか？

それは、何度も出ましたが、**【法則3】英語は「長い修飾（説明）は後ろに置く」法則**があるからです。

この法則はしっかり覚えてほしい！　もうシツコイほどに出てきたので覚えましたよね。すみません。

**■関係代名詞（→名詞を後ろから修飾する１つの文章のカタマリをつくる代名詞）**

さて後ろから名詞を説明する代表選手「関係代名詞」。これが一番むずかしい。これさえわかればあとはどうにか理解できるんです。関係代名詞、こやつは「後ろから名詞を修飾する」大ボスです。


The drink ～ の文も実は「関係代名詞の 1 つである which」が使われているのですが、**面倒なことに「関係代名詞の１つであるwhich」は省略されることが非常に多い**のです。

これは、もう、「暗記」する以外に道はないです。「関係代名詞の 1 つである which」は省略されることが非常に多い…と。

さて、省略されていると説明に不便なので、いったん、復活してもらいます。

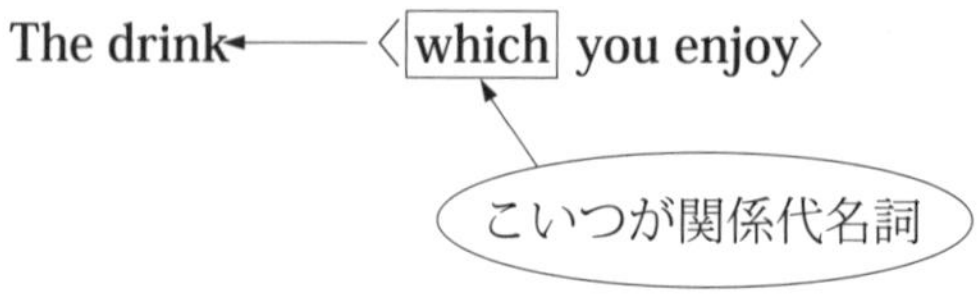

関係代名詞というのは「ある名詞（ここではThe drink）を後ろから説明する際に用いるもの」です。

さてThe drinkの説明をしているんですから、主語のカタマリの部分の意味は「あなたがまさに楽しもうとしているその飲み物」ということです。

さて、実は、「関係代名詞which」は「enjoy動詞」の「目的語」にあたるものなのです。関係代名詞とは前にも説明したように**「名詞を後ろから修飾する１つの文章のカタマリをつくる代名詞」なので、「1つの文章の構造をとる」**のですね。ですので、ＳＶＯの文型にしたがって本来なら、

| you | enjoy | which |
|---|---|---|
| S | V | O |

となるはずなのですが、**「関係代名詞」は「修飾する単語The drink」の近くに置く**という決まりがあって、後ろから前に持ってきて、下記の形になっているのです。

**完成図**

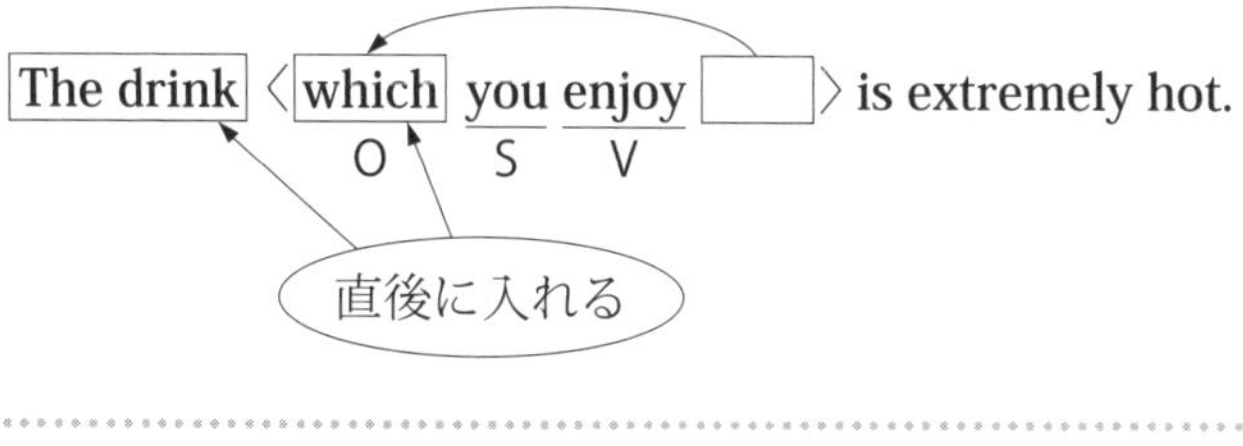

そして、先ほども申し上げましたように、「関係代名詞のwhichはよく省略される」ので、最終的に下記の英文、

〈The drink (you enjoy)〉 is 〈(extremely) hot.〉
S V C

（あなたが楽しんでいるドリンクは、とても熱い）

というようになるわけです。もちろん、

〈The drink (which you enjoy)〉 is 〈(extremely) hot.〉
S V C

というように、「関係代名詞which」をつけたままでももちろんOKですが、かなりの頻度で「省略」されるので、注意が必要ですね。

「whichがないと関係代名詞が使われているかどうかわからないじゃないか！(`Д´) ムキー！」
みたいな声が飛んできそうですが、それはしょうがないし、解決しようもないので無視！
この「割り切り感」も英語の勉強では大事です。だって我々日本人とは違う文化で生まれた言語を、論理的にすべて理解できるはずがないのです。

そして、しつこいですが、最後にもう一度、書きますね。
英語は…、

**【法則１】英単語は「Ｓ（主語）、Ｖ（動詞）、Ｏ（目的語）、Ｃ（補語）」に必ず分類できる**
**【法則２】英文は「５パターンの文型」に必ず分類でき、１つの文章には必ずＳとＶが１つしかない**
**【法則３】英語は「長い修飾（説明）は後ろに置く」**

というこの「３つの法則」を知らないがために、あなたは英語が読めなかったのです。

そして、
英語は「長い修飾（説明）は後ろに置く」という法則の代表選手が、みなさんが苦手とする「関係代名詞」なのです。

さて、最難関の関係代名詞の説明はいかがでしたか？　ここまで読めたあなたは偉い。おめでとうございます！　難関を突破したんです。

この調子でいけば、英語なんか楽勝。
英語（大学入試レベル）の８割は終わったと思ってください。

## 「英単語」の「超暗記法」は、短い暗記の繰り返し

さて、「暗記」という言葉がたくさん出てきましたが、「暗記の避けられない項目」である「英単語」の暗記法を以下に、解説しますね。

**【英単語の超暗記法】**

単語は一度に5時間かけて勉強するより、30分間を10回やったほうが効果的なんです。

**【覚え方A】5時間=1回×5時間**

↓取り組んだ単語1000個、でも10個ぐらいしか覚えていない

## 英単語の「超暗記法」とは？

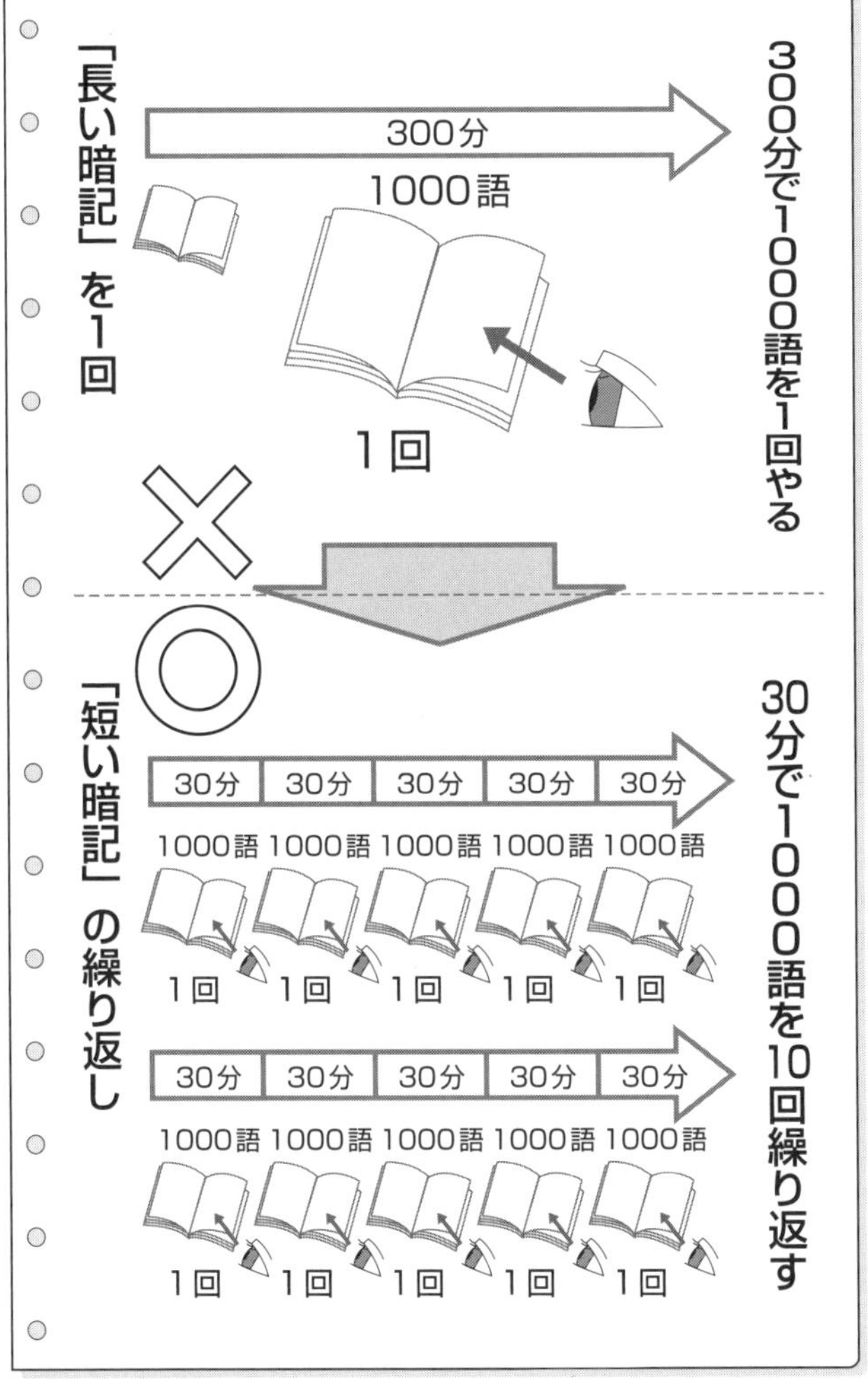
「長い暗記」を1回
300分
1000語
1回
300分で1000語を1回やる
×
○
「短い暗記」の繰り返し
30分 30分 30分 30分 30分
1000語 1000語 1000語 1000語 1000語
1回 1回 1回 1回 1回
30分 30分 30分 30分 30分
1000語 1000語 1000語 1000語 1000語
1回 1回 1回 1回 1回
30分で1000語を10回繰り返す

**【覚え方B】　5時間＝10回×30分**

↓取り組んだ単語1000個、でも500個ぐらいは覚えている。50倍の差!!
同じ総学習時間でも効果はまったく違います。

**【英単語の学習法】（1日30分以内に行なう）**

【その①】英単語を見て、1回声に出し、意味を確認する
【その②】さらにもう一度、英単語を見て、もう1回声に出す
【その③】ペースとしては150語～200語を30分でどんどん先に進めていく
【その④】翌日と翌々日、1週間後の計3回「①～③」を行なう

# 「2文以上の英文」を読めるようにするには

1文が読める＝英文を「主語（S）」、「動詞（V）」、「目的語（O）」、「補語（C）」、「修飾語（形容詞・副詞・前置詞＋名詞・関係代名詞）」に分類できるようになったら、その次に必要になってくるのは、「文章全体を読むこと」、つまり、1文1文の関係を把握しながら、2文以上の文章を読むことです。

**1文と1文の関係を把握するには、「現代文」と同様に「接続詞」がポイント**です。

簡単な例文で説明します。

「I am fat and ill.」

という英文があった場合、「and」という接続詞が、「何と何」を「どのようにつないでいるか」を考えてみます。

「and」が、「前後を対等につなぐ接続詞」であることを知っていれば、この例文は、「I am fat.」という1文と「I am ill.」という1文が「and」によってつながれている、そして「and」の後ろに続く「I am」が省略されていることがわかります。

つまり、I am fat and（I am省略）ill.

1文1文が「どのようにつながっているのか」を見落とさない。そして、同じ意味のものは「つなげる」、「違う意味のものは分ける」ように読むのが「英文解釈」のポイントです。

## 3つの「読み飛ばしテクニック」…全文を読まなくても内容はつかめる

大学によっては、出題される英文の「文章量が多い」ことがあります。東大がそう。
東大の英語がむずかしいのは、「文章量が非常に多い」からです。
文章量が多い場合は、1文1文を丁寧にひもといていく時間がありませんから、ある程度「読み飛ばしていく」ことも必要です。

では、どのように読み飛ばしていけばいいのか。読み飛ばすためのテクニックを3つ紹介します（このテクニックは、174ページ以降で後述する【ステップ①】【ステップ②】の勉強を終え、【ステップ③】に達した受験生に向けたテクニックです）。

**・【読み飛ばしテクニック①】「ディスコースマーカーに着目する」**

たとえば「therefore（その結果～）」という単語があれば、「その次は結論がくる」とか、「for example（たとえば）」という単語がきたら「次は具体例がくる」ことがわかります。このような「ディスコースマーカー（話の筋道を示す言葉）」に着目することで、文章の流れを早くつかむことが可能です。

**・【読み飛ばしテクニック②】「段落ごとに拾い読みする」**

文章の「1段落」だけを拾い読みして書かれてある内容を推測するテクニックです。たとえば、第1段落に「主張」が書いてあり、第2段落に「その具体例」が書かれていた場合、「第1段落」の内容が理解できるのであれば、第2段落は読み飛ばしてもかまいません。

また、第3段落に抽象的な例があり、その内容が理解できないとしたら、第4段落をじっくり読んで、具体的に理解するようにします。

このように、

・具体例を読まなくても理解できるときは、具体例を読み飛ばす
・意味が理解できないときは、具体例を読む

ようにすれば、限られた時間を有効に使うことができます。

**・【読み飛ばしテクニック③】「設問から先に眺める」**

## 3つの「読み飛ばしテクニック」

### ①「ディスコースマーカーに着目する」

therefore
その結果
→ 「結論の文章」がくる

for example
たとえば
→ 「具体例の文章」がくる

### ②「段落ごとに拾い読みする」

第1段落 主張 ――――

第2段落 具体例 ――――

第1段落の「主張」が理解できたら、第2段落の「具体例」は読み飛ばしてもOK

### ③「設問から先に眺める」

設問 「間違った内容を1つ選べ」

① 地球環境 は危ない時代になった
② 地球環境 はまったく心配ない
③ 地球環境 は温暖化が問題だ
④ 地球環境 は生物の危機だ

「地球環境」について書かれているのだなぁ…

※共通のワードをおさえる

「設問」を先に読むことで、「だいたいどういう内容が書かれているのか」がわかる場合があります。

「地球環境について書かれてあるらしい」、「科学技術の進歩について書かれてあるらしい」ということがわかるだけでも、文章全体を理解する手助けになるはずです。

**「キーワード」を拾うように設問を見ていくと、「どのようなことが書かれているのか」がわかりやすいと思います。**

ただしこのテクニックは、「間違った内容を1つ選べ」といった「間違い探しの設問」にしか使えません。5択のうち1つが間違いであるならば、「4つは正しいことが書かれてある」ので要旨をつかむことができます。

しかし、5択のうち「正しい内容を1つ選べ」と問われている場合には、「4つの間違った情報」を取り込んでしまうことになります。こうした場合は、「各選択肢に共通して使われている用語」に注目すると、その本文のテーマがつかみやすくなります。

# 18

# 学力レベルを「3つのステップ」に分けて考える

# 「基礎」→「センター」→「東大・早慶・国公立」の3ステップで学力アップ

さて、第3章からは、より実践的な「大学受験対策」にはいっていきたいと思います。まず、**大学合格までに必要な「英語・現代文・数学」を学力レベルに応じて「3つのステップ」に分け、それぞれのステップごとに目的を設定。**

**さらに、「学力に合った参考書」と「その参考書の使い方」を提示し、知識を鍛えていきます（※参考書は2000冊から厳選したもの）。**

「今、何をしなければいけないのか」を意識しながら、「学力レベル」と「目的」に合った学習を着実に進めていくのがポイントです。

・【ステップ①】……↓基礎レベル（中学〜高1レベル）
・【ステップ②】……↓センター試験レベル
・【ステップ③】……↓東大・早慶・国公立レベル

※英語・現代文・数学以外は、「3ステップ」の具体的な勉強法は提示していません。科目の特性上、段階的な学習を積まなくても、短期間で知識を鍛えることができるからです。276ページ以降で、「3ステップ」のレベル別の参考書を紹介します。

たとえば「英語」であれば、次のように学習レベルを分類します。

■**【ステップ①（基礎レベル）】**……中学レベルから高校1年レベルの英単語の習得（1000～1500単語）。同レベルの英文法の理解。発音記号の習得。英文解釈（1文だけの英文）を行ない、英単語と英文法の理解・把握につとめる

■**【ステップ②（センター試験レベル）】**……【ステップ①】で学んだ基礎レベルの英単語と英文法を実際に運用し、確実に定着させる。高校2年以上の英単語と、同レベルの英文法を習得する

■【ステップ③（東大・早慶・国公立レベル）】……志望校のレベルに合わせ、英文読解のレベルを上げていく。1文と1文の関係に注意しながら、長文全体の意味を正しく理解する

この「ステップ①～③」のように「基礎的な英単語」をきちんと学んでから、「標準的な英単語」を学ぶ。標準的な英単語を学んでから、「むずかしい英単語」を学ぶというのが王道です。受験勉強は「段階的に知識を積み上げていく」のが基本です。

受験生の8割が、「中学レベルの問題」につまずいています。知識の不足があるのなら、そのまま先には進んではいけません。不足分をしっかり埋めてから、次のステップに上がるようにしましょう。

「ステップ①～③」で、実際に、どの参考書を使って勉強すればよいかは、268ページ以降で詳しく解説してあります。**「9割式勉強法」の特徴のひとつである、「2000冊から厳選した市販の参考書だけで合格を目指す」ための具体的な方法です。**

（※社会人が勉強する際の「効率的な学び直し」にも最適）

## 「3つのステップ」で学力アップ！

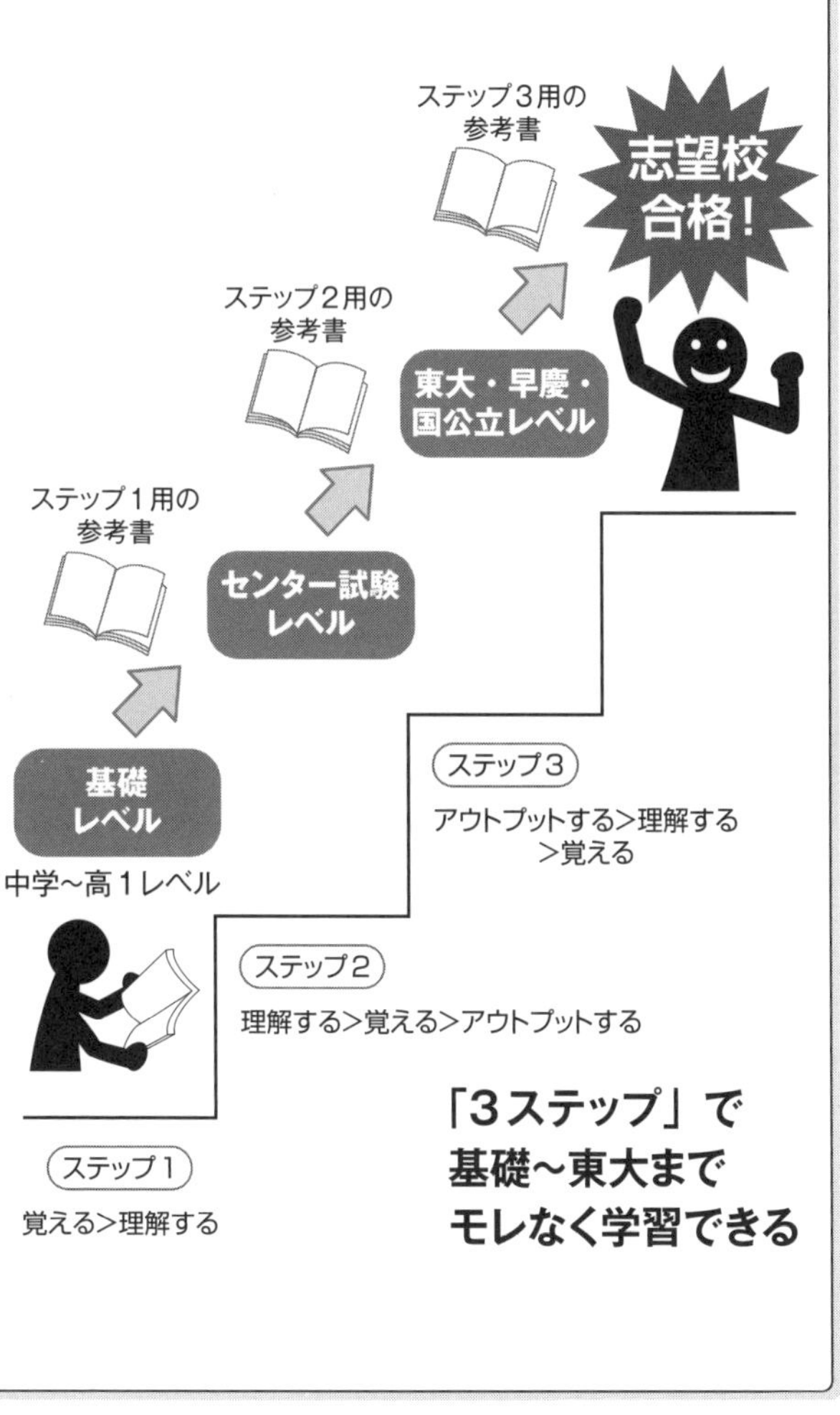
ステップ3用の参考書
志望校合格！
ステップ2用の参考書
東大・早慶・国公立レベル
ステップ1用の参考書
センター試験レベル
基礎レベル
中学～高1レベル
ステップ3
アウトプットする＞理解する＞覚える
ステップ2
理解する＞覚える＞アウトプットする
ステップ1
覚える＞理解する
「3ステップ」で基礎～東大までモレなく学習できる

19

# 英語の「3ステップ勉強法」

## 【ステップ①（基礎レベル）】
## 高1レベルの英単語と英文法の理解

【ステップ①】では、中学～高1レベルの「英単語」（1000～1500語）と「英文法」、「発音記号」を覚えます。「英単語」と「英文法」を一緒に進めるより、「英単語」から先に手をつけましょう。「英文法」を理解するためには、どうしても「英単語」の知識が必要になるからです。

英文解釈では、中学～高1レベルの「1文」を、主語S、動詞V、目的語O、補語C、修飾語、に分けられるようにします。

## 【ステップ②（センター試験レベル）】
## 高2以上の英単語と英文法の理解

高校2年以上の英単語と、同レベルの英文法を習得。問題演習も取り入れながら、

【ステップ②】で「センター試験の英語が8割解けるレベル」に引き上げます。

英文解釈はまだ「1文」のみ。高2レベル以上の「1文」を、主語S、動詞V、目的語O、補語C、修飾語、に分けられるようにします。

「1文だけしか読めないのに、センター試験を受けて大丈夫ですか？　文章全体が読めなくても大丈夫ですか？」と質問を受けることがありますが、安心してください。大丈夫です。なぜなら、この時点で英語と並行して進めている「現代文」の力（＝論理的思考力）が身についているからです。

「論理的思考力」が身についていれば、ある程度、前後の文脈の関係性を推し量ることができるはずです。

## 【ステップ③（東大・早慶・国公立レベル）】
# 1文と1文の関係性をひもとく

志望校のレベルに合わせ、英文読解のレベルを上げていきます。1文と1文の関係に注意しながら、長文全体の意味を正しく理解するレベルです。「接続詞」や「ディスコースマーカー」に注目して文章の流れを推測したり、読み飛ばしながら、「早く理解する」ことを目指します。

そして、「9割式勉強法」の特徴のひとつである、市販されている「参考書」だけを使って、大学に合格するための「英語の参考書リスト」を268〜271ページにて公開しております。

この参考書は2000冊のなかから選びに選び抜いた、僕の指導する生徒たちが、東大・早慶・難関国公立などに9割以上の確率で合格に導いた、「最高の参考書」たちです（※社会人が勉強する際の「効率的な学び直し」にも最適）。

今、自分がいる学力を正確に把握し、このリストの【ステップ①】→【ステップ②】→【ステップ③】という順番を確実に守って勉強していくことで、基礎的な学力に

「モレやヌケ」がなくなり、「9割受かる勉強法（9割式勉強法）」を身につけていくことができるのです。

各ステップのレベルは「左記」のとおりです。

■【ステップ①の参考書】↓基礎レベル
■【ステップ②の参考書】↓センター試験レベル
■【ステップ③の参考書】↓東大・早慶・国公立レベル

必ず、自分がいる学力のレベルから、順番を守って、順次、進めていってください。

**「市販の参考書だけ」でも、「東大・早慶・難関国公立」に90%の確率で合格できる学力を身につけられるのが、「9割式勉強法」のすごいところです。**

20

# 「現代文」を勉強するだけで、全科目の得点率が上がる

## 「現代文」を習得すると、「論理的思考力」が養われる

僕の勉強法には、ほかの勉強法と大きく違う特徴があります。それは、「現代文」に最大の重きを置いている点です。

「現代文」にこれほど力を入れている勉強法は、ほかにはないと思います。

**「現代文を極めるものが勉強を征する」**のです。

拙著『偏差値29からでも180日間で東大・早慶大に合格できる究極の方法』（YELL出版社）でも述べたように、「現代文」は勉強の原点だと思います。

これこそ、最速で受験勉強を終える「理想の戦略」だと確信しています。

「現代文」がどうして重要なのか。
その理由は、「論理的思考力」を養うことができると、理解力が飛躍するからです。

**【現代文を学ぶ4つの目的】**

①「全体の構造」を意識できるようにする
②部分から全体を把握できるようにする（1文1文を理解し、かつ、1文1文が積み重なって全体をつくっていることを理解する）
③全体のなかの1文1文の立ち位置・ポジションを判別できるようにする（全体と部分の関係性をしっかり理解する）
④段落の一部分だけを読んで、全体の内容を推論できるようにする

**「全体と部分の関係性を理解しながら文章を読み解いていく」と、「論理的思考力＝**

**ロジカルシンキング」が身につきます。**

「論理的思考力」とは「筆者が言いたいことを、客観的に読み解く力」のことであり、「現代文」のみならず、他のすべての教科を勉強するときにも必要となる能力です。

この能力が身につけば、「書かれている文章の全体像をあぶり出す」ことができます。

たとえば、「英文」を和訳できたとしても、指示語が示す具体的な内容がわからなかったり、文章同士のつながりがわからなかったり、「ｂｕｔ」の後に続く「対立関係」を見抜けなかったとしたら、「何が書かれているのか」を理解することはできないでしょう。

２４８ページ以降で詳述しますが、「現代文→英語→その他の教科の順番で勉強せよ」と書いたのは、「現代文」を習得すれば、英語以上に「論理的思考」を養うことができるからです。

U君は、「現代文に力を入れて、英語の成績を上げた」受験生です。彼は、英単語も英文法もある程度わかっていたのに、センター試験の「第3問」と「第4問」（いずれも論理的な説明文）がどうしても解けませんでした。

そこで彼は何をしたか……。**「現代文」の勉強に力を入れたのです。**

彼は、「現代文」を勉強したことで「ひとつの文は、主語、述語、修飾語、非修飾語の4つに分けられる（言い換えると4つにしか分けられない）」ことを知りました。

そして、「英文も同じ。S、V、O、Cの4つに分けることができる」ことに気がつきました。その結果、「関係代名詞」の理解が深まり、ひとつの文に「どうして動詞が2つ出てきてしまうのか」の理由がわかったのです。

言葉の意味を知り、文法を知り、1文1文の意味を知り、文章の前後の関係、つまり接続詞を意識していく。英語（英文読解）も、根本的な学習方法は、「現代文」と同じです。

## 「数学」の攻略も、「現代文」が鍵

「数学」の勉強も「現代文」を軸に考えることができます。**数学は「その数式が、どういうグラフに、どういう関数に、どういう図形になるのか」を確認していくことが大事なポイント**です。

そして、具体的に物事をとらえ、具体的に数字をあてはめ、規則性を見抜いていく作業（抽象化していく作業）こそ、現代文の「全体を見る」作業に該当します。

「グラフや図形（全体）」を描くためには、「数式や文字式（部分）」を詳細に見ていかなければなりません（※詳しくは、213ページ以降で解説します）。

# 21

# 「現代文」は、「文章の内容を論理的に理解できるか」が問われる科目

## 「言葉」は、誤解されやすい性質を持っている

受験生も社会人も、「現代文」に苦手意識を持っているようです。ですが、実は、「現代文」ができるようになると、すべての科目の勉強が、飛躍的にできるようになるのです。

**【受験生なら】**……英語・国語・数学の成績が飛躍します。「現代文」だけしか勉強していないのに、偏差値が30以上アップしたU君という生徒がいましたが、彼は「理科」などの記述問題にも強くなりました。

**【社会人なら】**……ビジネス書を正しく、速く読むことができます。本書で示すセンター試験レベルの「現代文」を極め、勉強したい分野の本を「5冊」ほど熟読しましょう。また、「フォーカスリーディング」を学ぶと、1冊10分でビジネス書が読め

るようになります。［※「フォーカスリーディング」にご興味がある方は、詳しくは『フォーカスリーディング』（寺田昌嗣／PHP研究所）という本をお読みください］

では、そもそも「現代文」とはどのような特性を持った科目なのでしょうか？

「現代文」を成しえているのは「言葉」です。そして、「言葉」とは、「事実」や「考え方」を具現化したものです。

ところが、具現化するといっても、「言葉」は、「事実」や「考え方」をすべて伝えることはできません。

**「言葉」は「事の葉」であり「事の端」だといわれていて、「事実」や「考え方」の「一部（端）」しか表現できません。**「一部しか表現できない」ゆえに、「誤解を生みやすい性質を持っている」のです。

ですから、受験においては、「著者・筆者の主張」をロジカルに、客観的に、正しく読み解いていくことが求められています。「現代文の能力」とは、「事実」や「考え方」を整理して理解する能力のことなのです。

**【例文】**
**自動車メーカーA社の今年度の売上高は、前年対比130％と急成長を遂げ、黒字に転化した。**

この文章を読むと、A社の業績は良好に思えます。A社は「スゴイ会社」といえそうです。

ですが本当にそうでしょうか？　自動車業界全体の前年対比が160％だとしたら、前年対比130％のA社は、「スゴイ会社」ではなく、むしろ「ダメな会社」といえます。

したがって受験問題の「現代文」では、「文章全体の内容を、論理的にきちんと整理できているか」が問われています。

さらにいえば、「英語」も「数学」も「理科」も「歴史」も……、

**「論理的な理解力（＝現代文の力）」を試している**

といえるのです。つまり、

・「この文章に書かれてある事実関係・因果関係・相関関係が見えているか？」
・「1文1文のつながりが見えているか？」
・「同じ流れと違う流れを分類できるか？」

が尋ねられているのです。

# 1文1文のつながりから、全体をあぶり出す

**【例文】**

**「人間には、いい人間もいるし、悪い人間もいる。たとえば、いい人間には、思いやりがある。しかし、悪い人間には思いやりがない」**

この文章は、次の3つの文章から成り立っていることがわかります。

①「人間には、いい人間もいるし、悪い人間もいる」
②「たとえば、いい人間には、思いやりがある」
③「しかし、悪い人間には思いやりがない」

そして、1文1文の「つながり」を丁寧に整理していくと、次のような「文章の構造」が見えてきます。

・この文章は「人間」を扱った文章である
・「たとえば」のあとには、「いい人間」と「悪い人間」の具体例が示されている
・「思いやりがある」は、「いい人間」という抽象的な表現の「具体例」である
・「しかし」のあとには、前と同じく「人間」を扱った一文でありながら、「思いやりがある」の反対の意味が書かれている
・悪い人間には「思いやりがない」

このように、**「1文1文の関係性（どのようにつながっているのか）」を読み解きながら、最終的に「文章全体としてどのようなことが書かれているのか」を、論理的にあぶり出していくのが、「現代文」なのです。**

22

# 「わかること」とは「分けること」

## 「同じ流れ」はつなげる、「違う流れ」は分ける

代々木ゼミナールの酒井敏行先生は、「わかることとは『分ける』ということ」という主旨のことをおっしゃいます。「同じ流れは『つなぐ』、違う流れは『分ける』ように読んでいかなければ、「文章の全体像」を理解することはできないということです。

「接続詞」、「同意語」、「指示語」、「反意語」といった「つなぐ働きをする言葉」と「分ける働きをする言葉」に着目しながら、文章を整理していくのがポイントです。

23

# 「3つの思考パターン」で文章を読み解く

## 「言葉そのもの」ではなく、「言葉が指し示すイメージ」を理解する

「現代文」を読むときは、「事の端にどのような事実があるのか」、「その事実は、どのように分類（階層化）されているのか」を見つけなければなりません。

そのためには、言葉そのものではなく、「その言葉が指し示すイメージ」を理解する必要があります。つまり、**「文章として書かれていなくても、文章から読み取れる事実」**を明らかにしていくわけです。

「言葉が指し示すイメージ」というと「？？？」と思われるかもしれませんが、これから説明する「3つの思考パターン」を意識しながら文章を読めば、大丈夫。「論理的思考の基礎」が身につくはずです。

【パターン①】「共通項を導き出す（公式化）」
【パターン②】「共通項から、『新たな結論』を導き出す（推論）」
【パターン③】「原因と結果を導き出す（因果関係）」

## 【パターン①】「共通項を導き出す（公式化）」

【例文】

『文学的な経験と科学的な経験の性質を区別することは、それぞれの典型的な例については、あまり困難な仕事ではない。……①

科学は具体的な経験の一面を抽象し、抽象化された経験は、他の同類の経験と関係づけられて分類される。……②

文学は具体的な経験の具体性を強調する。具体的な経験は、分類することができない……③』（加藤周一『文学の概念』より引用）

この例文から、次のような結論を導くことができます。

②科学は、具体的な経験を分類することができる
③文学は、具体的な経験を分類することができない
↓**①科学と文学を区別することは困難ではない（共通項）**

②と③から、①という「共通項」を導き出すことができます（①をイメージすることができます）。もちろん筆者サイドとしては、これを理解したうえで文章を書いているわけですから、筆者が文章を書くときは、事前に、「共通項」を導き出しています（読者とは思考の流れが逆ということです）。

ですから筆者は文章を書くときに、本文中では、①（共通項）↓②③（具体例）という順番で記述できるのです。

## 【パターン②】
## 「共通項から、『新たな結論』を導き出す（推論）」

「植物は生物である」（共通項＝公式）
「リンゴは植物である」（具体例）
↓「リンゴは生物である」（新たな結論）

「人間は死ぬ」（共通項＝公式）
「ソクラテスは人間である」（具体例）
↓「ソクラテスは死ぬ」（新たな結論）

この2つの例文は、いずれも「三段論法」になっています。

つまり、

「A＝B」

「C＝A」

であるならば、「C＝B」という「新たな結論」が得られるわけです。


通常、**この「新たな結論」は、文章中にはっきりと書かれているわけではありませんが、それぞれの言葉の関係性を洗い出すことによって導き出すことができます。**

「AたとえばB」であるとしたら、Aは抽象（全体）であり、Bは具体（部分）です。BからAを読み解くのが【パターン①】「共通項を導き出す（公式化）」であり、反対にAからBを読み解くのが【パターン②】「共通項から、『新たな結論』を導き出す（推論）」になります。

## 【パターン③】
# 「原因と結果を導き出す（因果関係）」

「昨日お酒を飲みすぎて、頭が痛い」という文章があったときに、

「お酒を飲みすぎた」（原因）↓「頭が痛い」（結果）

というつながりがわかります。

さらに「お酒を飲みすぎた」という行為も、何かの「結果」になりうることがわかります。

たとえば、「恋人に振られる」という出来事があったとしたら、

「恋人に振られた」（原因）↓「お酒を飲みすぎた」（結果）

## 「3つの思考パターン」で文章を読み解く

### ① 公式化（共通項を導き出す）

・果物のリンゴは甘い
・ナシは甘い果物だ
→ 共通項：果物は甘い

### ② 推論（共通項から「新たな結論」を導き出す）

A ＝ B
植物は＝生物である

C ＝ A
リンゴは＝植物である

→ C ＝ B
リンゴは＝生物である

### ③ 因果関係（原因と結果を導き出す）

原因 → 結果
お酒を飲みすぎた → 頭が痛い

という因果関係となります。

あるいは、「恋人に振られた」以外にも、「お酒を飲みすぎた」原因があるかもしれません。

たとえば、恋人に振られた日に「たまたま飲みに誘われていた」としたら、

「恋人に振られた」（原因１）↓「お酒を飲みすぎた」（結果）

「たまたま飲みに誘われた」（原因２）↓「お酒を飲みすぎた」（結果）

という因果関係になります。

時間軸で出来事を見ていくと、因果関係をつかまえやすいでしょう。なぜなら、**「原因となる出来事は、結果よりも前の時点で起きている」**からです。

24

# 「原因」が そのまま「結果」に 結びつかない文章もある

## 「第3因子」を推論し、事実を浮き彫りにする

なかには、原因が、そのまま結果に結びついていない文章があります。この場合は、「その言葉が指し示すイメージ」を推論しなければ「事実」は見えてきません。

たとえば、

「身長が伸びていくほど、知識が増えていく」

という文章には、「原因」と「結果」のつながりに「納得しにくい部分」があります。身長が伸びると、どうして知識が増えるのか、釈然としません。

このように、**文章と文章の間に、「直接的な因果関係」が見て取れない場合には、「別の要因（第3因子）が隠されている」と考えることができます。**

この例文の場合を推論すると、「人間の成長期の年齢（以下、年齢）」という「第3因子」が隠されていることがわかります。

・身長が伸びる要因→年齢
・知識が伸びる要因→年齢

「身長が伸びていくほど、知識が増えていく」という文章は、「年齢を重ねるほど身長が伸び、それにしたがい、知識も身長と同じように伸びていく」という内容であることが「イメージ（想像）」できます。

一般的に大学受験における現代文は「対策がむずかしい」と考えられています。「対策がむずかしい」ために、手がつけられなかったり、後回しにしたりする受験生も多いと思います。

けれど、「早い時期に現代文を鍛えておく」ほうが、受験勉強を有利に進めることができるのです。

現代文に必要な「3つの思考パターン」

【パターン①】「共通項を導き出す（公式化）」
【パターン②】「共通項から、『新たな結論』を導き出す（推論）」
【パターン③】「原因と結果を導き出す（因果関係）」

が身につくと**「論理的思考力」が身につき、「部分（1文）」と「全体（複数文）」の関係性が把握しやすくなります。**

その結果、「その文章に書かれている結論」を正確に読み取れるようになる。それにより「現代文」の成績が上がり、ひいては「英語」や「数学」の理解力も引き上げられるのです。

# 「現代文」の3ステップ勉強法

## 【ステップ①（基礎レベル）】
# 言葉の意味を知る

本書では、学習のレベルを「3つのステップ」に分けて、それぞれのレベルに合った「学習法」と「参考書」を紹介しています。

「現代文」の【ステップ①】では、おもに次の「2つ」のことを学びます。

### ■【ステップ①の1】「言葉（漢字）の正確な意味を知る」

「自分は日本人だし、小さいときから日本語の読み書きをしてきた。だから、わざわざ日本語を覚えなくても、現代文を読み解く自信がある」と考える受験生が実に多い。

たしかに、私たちは日本語を使って生活していますが、それはあくまでも「日常語」であって、「演繹」「帰納」「抽象」「具象」といった言葉を日頃から使っているわけではないですよね。

「現代文」を読み解くためには、「100語」程度の言葉の意味を知る必要があります。『イメトレまる覚え現代文重要ワード333』（中経出版）などがオススメです。

## ■【ステップ①の2】「読解のルールを知る」

文と文の間にある言葉（接続詞や指示語など）に、「どのようなルールがあるのか」を知らなければ、正しく読み解くことができません。

- 「つまり・すなわち」↓前の文と後ろの文は、同じ意味でつながっている
- 「しかし・だが・けれども」↓前の文と後ろの文は、対立関係にある
- 「とくに」↓前の文を強調して後ろにつなげている
- 「だから・したがって」↓前の文には「理由」、後ろの文には「結果」が書いてある

このような「読解のルール」を知っておくと、後ろに続く文章が、「追加」なのか、「具体例」なのか、「抽象化」なのか、「言い換え」なのか、「対立」なのかがはっきりしてきますから、文章全体を正しく理解できるようになります。

## 【ステップ②（センター試験レベル）】<br>センター試験レベルの「演習問題」を解く

【ステップ①】で「言葉（漢字）」の意味と「読解のルール」を覚えたら、【ステップ①】よりも難易度の高い文章をひもといていきましょう。

【ステップ②】では、「センター試験レベルの問題集」を使って、論理的思考力を高めていきます。

そうすることで、【ステップ①】で学んだ（覚えた）「言葉」と「ルール」が、問題を解くというアウトプットを通じてより定着しやすくなります。

## 【ステップ③（東大・早慶・国公立レベル）】
## 文章の構造を「図式化」できるようにする

【ステップ②】よりも、さらに複雑な文章を読み解いていきます。このレベルは難易度が非常に高く、一読しただけでは「書かれてある内容」を理解できないため、相関関係（原因と結果）を「図式化」していく練習をします。

**文章を読んで、「その文章の内容をあらわす図が書ける」ということは、「その文章を完全に理解できている」ということになるのです。**

はじめは実際に図を書きますが、最終的には、「頭の中で図を描ける」ようにしていきます。

そして、「9割式勉強法」の特徴のひとつである、市販されている「参考書」だけを使って、大学に合格するための「現代文の参考書リスト」を272〜273ページにて公開しております。

この参考書は2000冊のなかから選びに選び抜いた、僕の指導する生徒たちが、東大・早慶・難関国公立などに9割以上の確率で合格に導いた、「最高の参考書」たちです（※社会人が勉強する際の「効率的な学び直し」にも最適）。

今、自分がいる学力を正確に把握し、このリストの【ステップ①】↓【ステップ②】↓【ステップ③】という順番を確実に守って勉強していくことで、基礎的な学力に「モレやヌケ」がなくなり、「東大・早慶・難関国公立」に90％の確率で合格できる学力を身につけられるのが、「9割式勉強法」のすごいところです。

# 26

# 「数学」は、英語や現代文より少ない時間で「偏差値60」になれる

## 「数学」は「図で考える」ことで上達する

まず、最初に「数学」と聞いて、「ここから先は読まないようにしよう…」と思っているお方、ちょっと、ちょっと、待ってください。

**中学生の「まったく数学ができない人」が読んでもわかるように、なるべく「数学っぽくなく」書きましたので、騙されたと思ってお付き合いください…。**

さて、数学がわかるとどんな効果があるのでしょうか？　受験生ならまだしも社会人にとって数学の存在意義とは何か。

それは、「時代を読み解く先見性」を備えさせてくれることだと思います。

数学の「関数的な思考」が、ビジネスを飛躍させせます。

「関数」とは…「Y＝2X＋1」みたいな数式のことです。見覚えありますよね。

そして、「Y＝2X＋1」の数式の「X」のところに「4」を入れてみましょうか？

すると、「Y＝2×4＋1＝9」になります。

**要するに「関数」とは、「Xが変わればYが変動する数式」のこと**なのです。ここまではわかりますよね？

たとえば……、

・売上げ（Y）を伸ばすには、マーケティング・業務改善・人事（X）のどこに重点を置くべきか？
・損益分岐点（Y・X）をどこに設定するか？
・年収（Y）を上げるには、どんなキャリア（X）を積めばよいのか？

など、すべて「関数的な思考」で解決できます。

みなさんは、普段の生活のなかで、必ず何らかの「公式（関数）」を考え、「その関数のXにどんな要素を入れてYを最大化させようか？」と考えているはずです。

たとえば、奥さんが、12月に関しては「ボーナスの半分＋毎月分の3万円のお小遣いをくれる」と約束してくれたとすると、「関数の式」は、こうなりますね。
●お小遣い＝0・5×ボーナス＋毎月分の3万円
つまりこれは、
●Y＝0・5X＋3
という「関数の式」になるわけです。「お小遣い＝Y」を増やすためには「ボーナス＝X」を頑張って稼ぐしかない！　となるわけです。簡単でしょ。

そして、この「数学」を思考法として習得できれば、鬼に金棒なのです。

むずかしい式だけで問題を解こうとすると失敗します。**つまり「図やグラフ」などお絵かきで数学を考えましょう！　というところが一番のポイントです。**

大事なポイントなので繰り返しますね。

「数学はお絵かきで決まる」んです。

では「218〜219ページの図」で、具体的に解説していきましょう。

学はクリアできる

2.グラフや図にして考える（ビジュアル化）

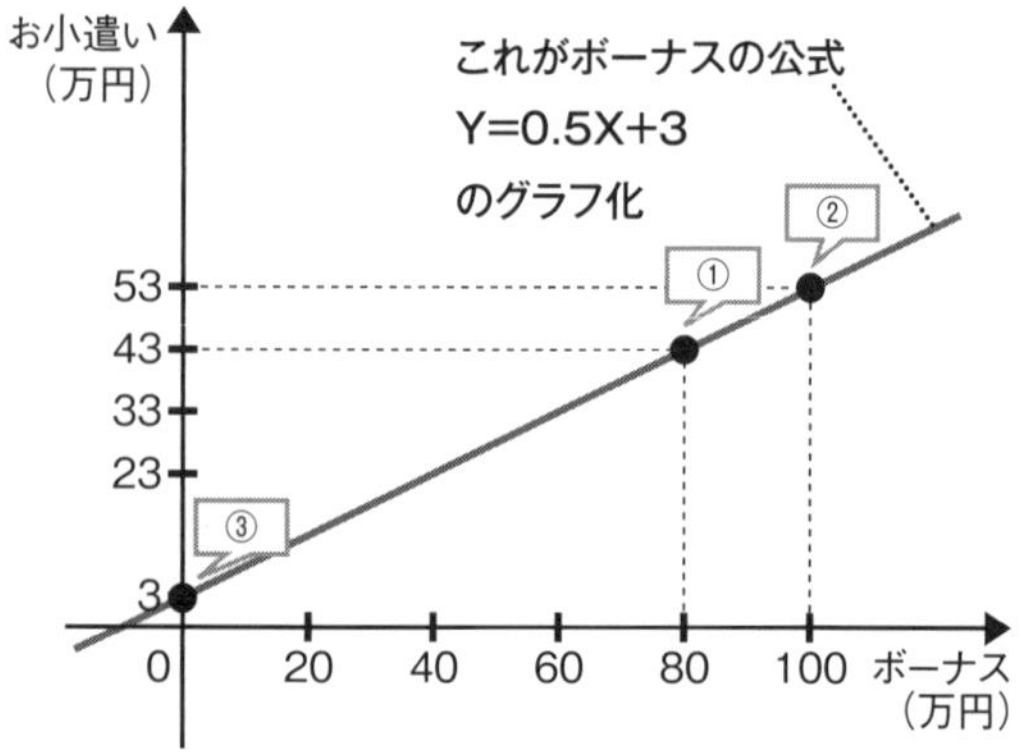


①「具体的に考える」の結果（ボーナスが0円のとき小遣いは3万円、ボーナスが80万円のとき小遣いは43万円、ボーナスが100万円のとき小遣いは53万円）を

②「グラフや図にして考える」で記載したら

**上のグラフができましたね。**

**このように①具体的に考え、②図やグラフにおこしていくと、数学は見えてくるんです。**

## 数学の取り組み姿勢　このスタンスだけ守れば数

**1. 具体的に考える**
**2. グラフや図にして考える（ビジュアル化）**

### 1. 具体的に考える

たとえば、奥さんが、12月に関しては「ボーナスの半分＋毎月分の３万円のお小遣いをくれる」と約束してくれた

一昨年の12月はボーナスは80万円でした。そのときお小遣いは？

0.5×80+3=43万円　…①

昨年の12月はボーナスは100万円でした。そのときお小遣いは？

0.5×100+3=53万円　…②

今年の12月はボーナスは0万円でした。そのときお小遣いは？

0.5×0+3=3万円　…③

どうでしょうか？　なんとなくでもつかめたらお手のものです。

この段階でつかめなくても大丈夫！　数学のラクラクマスター法を提示します。

数学ができない人にとって、数学を好きになる足がかりとして僕は「二次関数」をおすすめしたい。指導していくなかで生徒の多くが「二次関数ができれば数学の世界が楽しくなった」という人が多いのです。

僕は、

「二次関数こそが数学攻略の鍵」だと思っています。

「数学の他の分野」は現代文が完成してからはじめればいい。それでも間に合います。

二次関数には数学のエッセンスが凝縮されているように思います。

数式がグラフになる。そしてグラフは動いている。Xが変わればYが変わる。

その連動をグラフとして見ていくことが、微分積分など高度な高校数学の理解につながります。

**数学が苦手な人でも、**
**「二次関数」なら、15時間（3日間）くらい勉強すれば、相当のレベルになれるでしょう。そして15時間頑張れたら、数学が楽しくなるはずです。**

高校入学当時の僕は、図形はまったく理解できない。関数も「二次関数が少しわかるくらい」でした。けれど、「二次関数」にしぼって勉強をしたら、わずか15時間（3日間）の勉強で、偏差値が29から62まで上がりました。「英語の10分の1の勉強時間」で偏差値が60を超えたのです。

## 数学攻略の鍵は「小さくて深い穴掘り作業」

**数学の学力は手広く範囲を広げて学習するより、一分野を決めて、その分野だけを得意になっていくような「小さくとも深い穴を掘る学習」で飛躍します。**

広く掘ってもいいのですが、それは時間があり余っている人だけ。一点一点、深く穴を掘っていくと、自然と穴は徐々に広くなるものです。ある時点から加速度を上げて、その穴の広がりが大きくなっていきます。

「数学が得意」というのは、深い穴をどれだけ多く持っているかで決まります。「浅く広い穴」ではひとつの分野も高得点が取れませんが、「深く小さい穴を掘った分野」は満点も取れます。それが他の分野の学習意欲と理解のスピードをもたらしていくのです。

数学はとくに「高1生の模試」であれば出題範囲が狭いので、すぐに得意と思えるような偏差値60以上が取れやすいのです。一つ二つの狭い分野だけでも理解ができ、得点につなげられれば数学は得意であるといえるでしょう。

中学レベルの学力がなくとも1・5年以上あればセンター試験の数学1Aで90〜100点、数学2Bは80点が取れます。

## それでも「二次関数」はむずかしいという人へ、まずは「数と式」

数学がまったくの苦手という人は、「数と式」、とくに「因数分解」と「展開」、ここからはじめるようにしましょう。

なぜなら、「中学までの数学、関数や図形」がわからなくても取り組める分野だからです。

さらにこの分野は、数学を学ぶうえで非常に重要な**「2つの考え方」**のうちのひとつを学ぶことができます。

その考え方とは……「具現化」です。

実際に「数字」を入れてみて「展開すること」で、「法則性＝因数」が見えてくる。

このように、**「具体的な数値を入れて確認していく行程」は、数学を勉強するうえでもっとも重要な考え方のひとつです（帰納的学習）**。

「因数分解」と「展開」は、これまで数学がまったくできなかった人でも「3日」でできるようになります。簡単に学べるからといって価値がないわけではなく、高校数学の「なくてはならない分野」といっても過言ではありません。

ここでの計算術は、今後の学習をスムーズにするという点で非常に重要な分野です。

そして、モチベーションのうえでも、小さい分野とはいえ**「はじめて数学ができる**

**ようになったという自信」**が、やる気を継続させやすくするのです。

## はやく取り組むべきは「二次関数」

次に取り組むべき課題は、「二次関数」です。

「数と式」で取り組んだもののなかで、「2乗の文字式」がどのようなビジュアル（図・グラフ）を持つのかを知ることが**「2つの考え方」**の2つ目になり、これがわかると、「数学のおもしろさ」が際立ちます。

同時に「二次関数」は、「数2」以降の数学で絶対に外せない「関数的な思考」が学べる最重要分野です。

それを早い段階で押さえることができれば、苦手だった数学を「飛躍させる」ことができるでしょう。

「文字式」が示す先にグラフがあり、そのグラフが条件によって変動する。

**このグラフによって「数学が生き物である事実」がわかるようになってきます。**

このように、問題で提示された関数（や文字式）がどのようなグラフを描くのかを明確に正確に把握していくことが、現代文で説明した「3つの思考パターン」に該当しています。

数学は、二次関数を理解できれば、確実に得点源となる科目になります。そして、それ以降は、順番に他分野を学習していけばよいでしょう。


そして、「9割式勉強法」の特徴のひとつである、市販されている「参考書」だけを使って、大学に合格するための「数学の参考書リスト」を274〜275ページにて公開しております。次の「3ステップ」の学習順序を274〜275ページの「参考書一覧」を参照いただきながら、お読みください。

今、自分がいる学力を正確に把握し、このリストの【ステップ①】↓【ステップ②】↓【ステップ③】という順番を確実に守って勉強していくことで、基礎的な学力に

「モレやヌケ」がなくなり、「東大・早慶・難関国公立」に90％の確率で合格できる学力を身につけられるのが、「9割式勉強法」のすごいところです（※社会人が勉強する際の「効率的な学び直し」にも最適）。

**【合格までに必要な3ステップ】**

**・【ステップ①】基礎レベル**（中学〜高1レベル）

学習範囲は「中学数学」から「数学1A」になります。ここの範囲をしっかり習得することができれば、「数学2B」以降の学習もスムーズに入っていけます。現在「数学2B」がうまくいかないという人はここからはじめましょう。

まったく自信がない人は、『語りかける中学数学』（ベレ出版）からはじめます。まずは気楽に読んでいきましょう。分厚い本ですが、解説がわかりやすく丁寧なのでサクサク進められると思います。

合格者の声
第1章 勉強の「やる気」を継続するには
第2章 自分の学力に合った「効果的な勉強法」
第3章 「3ステップ」で最短マスター「英語」「現代文」「数学」
第4章 「科目ごとの点数戦略」、偏差値ではなく得点率を重視する
第5章 2000冊から厳選した参考書

・【ステップ②】センター試験レベル

【ステップ①】をクリアしたら、いよいよ本格的な高校数学です。とくに「数学Ⅱ」は、数学のなかでもかなりボリュームがあります。

【ステップ①】では、『元気が出る数学』(マセマ出版社)から数学1Aを学んでもらいますが、【ステップ②】ではもうワンランク下げた『スバラシク面白いと評判の初めから始める数学Ⅱ・B(PART1・PART2)』(マセマ出版社)から丁寧に学習してもいいでしょう(詳細は274～275ページ)。

【ステップ②】の『短期攻略センター数学Ⅱ・B』(駿台文庫)までやればセンターで高得点が狙えます。

・【ステップ③】東大・早慶・国公立レベル

そしていよいよ最後の数学です。ここからは、志望する大学のレベルに合わせ学習していきます。この【ステップ③】の学習がうまくいかないという方は、【ステップ②】までの参考書の復習を丁寧に行ない、再度挑戦しましょう!

# まとめ

## 第3章 「3ステップ」で最短マスター「英語」「現代文」「数学」

◎8割の人が「英語がわからない」
↓「英語がわかる」に変わるポイントがある

◎「英単語」の「超暗記法」は、短い暗記の繰り返し

◎学力レベルを「3つのステップ」に分けて考える

◎「現代文」を勉強するだけで、全科目の得点率が上がる

◎「現代文」は、「文章の内容を論理的に理解できるか」が問われる科目

◎「数学」は、英語や現代文より少ない時間で「偏差値60」になれる

◎「数学」は「図で考える」ことで上達する

方法は精神的に焦りが生じないことと、書くことへの負担が少ないことが特徴です。

**「9割式勉強法」は、受験勉強だけにかぎらず、大学に入ってからも十分に活用することができます。**とくに

「参考書の章末にある“まとめ”を自分なりにアレンジして自作のノートにまとめ直す。そのとき、重要な部分は色ペンなどで強調する」

という方法は、今でも活用しています。

受験時代に辛かったことは、入試直前の模試になっても「志望校の判定」が変わらなかったこと。受験直前は非常にネガティブな気持ちになり、「全滅してしまうビジョン」が何回も見えてしまったほどです。それでも、松原先生を信じ、自分を信じ、モチベーションを高め直すことができました。

学校行事を休んで勉強していたので、高校時代に思い出をあまりつくれなかったことが唯一の心残りでしょうか。ですが、合格発表日に「合格」の文字を見たときは感激しました。高校3年間をすべて受験勉強に捧げる思いで勉強していたので、無事に結果が実を結んでくれて、本当に嬉しかったです。

（Y・S　私立・薬学部）

VICTORY VOICE 7

# 合格者の声⑦

## 「この勉強法なら合格できる！」という自信

「9割式勉強法」を「受ける前」と「受けた後」で大きく変わったことは、「自分の勉強法に自信を持って集中できた」ことです。

指導前は「はたして今の勉強法で合格できるのだろうか……」と常に不安を抱いており、勉強よりも「勉強法に意識が向いていた」ため、勉強自体に集中できていませんでした。

ですが**指導後は「この勉強法なら合格できる！」と自信を持って勉強に集中することができました。**

たとえば数学の場合、同じ問題を繰り返し解いていると、「前に進んでいる」という感覚を持てないものですが、日数が経つにつれ、「問題文を読んだ瞬間に、解法が思い浮かぶ」ようになり、自分の勉強法に自信を持つことができたのです。

また、英単語を「発音しながら暗記する方法」もかなり有効でした。指導前は、完全に頭に入るまで「紙に書きながら発音する方法」をとっていて、「1回で暗記しないとダメだ！」と思っていました。けれど指導後は「忘れてしまうことを前提として暗記する」と意識を変え、「暗記する際は1回だけ紙に書き、1回だけ発音して、次の単語を覚えていく勉強法」に変えました。この

第4章

# 「科目ごとの点数戦略」、偏差値ではなく得点率を重視する

An effective learning method:
achieving a high percentage
of success

27

# 「相手を知る」とは、「志望校の傾向を知る」こと

## 相手を知れば、たとえ「東大受験」でさえむずかしくはない

受験生のなかには、「東大は日本の最高学府だ。だから東大を受験するには、むずかしい勉強をしなければならない」と思い込んでいる人がいます。けれど、必ずしもそうとはかぎりません。

たとえば、「東大の日本史」より「センター試験の日本史」のほうが覚えることはたくさんありますし、「東大の英文解釈」より「京大の英文解釈」のほうが出題レベルは上です。

それなのに**多くの受験生が、「東大＝むずかしい」という先入観を持っているのは、「相手のことをよく知らないから」**です。

東大の英語が「むずかしい」としたら、それは「出題レベルが高いから」ではなく、

むしろ「量が多いから」であり、「スピードが求められるから」なんです。

もしあなたが「京大」を目指すのであれば、**【ステップ③（東大・早慶・国公立レベル）】**で『ポレポレ　英文読解プロセス50』（代々木ライブラリー）を徹底的に読み込む必要があります。

けれど、東大を目指すなら、『ポレポレ　英文読解プロセス50』よりも演習に時間を割くべきです。なぜなら、「東大の英語の一文一文は、京大ほどむずかしくない」、「東大の英語は、質より量」、「東大の英語は、知識より情報処理スピードが重要」だからです。

**一般的に、大学受験の「英文読解」は、「文章は長いが、そのかわり、文章のレベルはそれほど高くない」のが最近の傾向です。**

ところが、これが京大になると話は違います。「短くて、非常にむずかしい」のです。

ですから、京大を受験するなら「長文読解をこなすより、むずかしい構文を解読する勉強」をしたほうが合格に近づけます。それを知らずに、「長い文章を、短時間で解く勉強」を続けていたら、それは「的外れ」といえるでしょう。

## 受験勉強では、「過去問」が最重要

受験勉強をはじめようと思ったら、「己を知る」とともに「相手を知る」ことが大切です。

「己を知る」とは、すでに述べているように、「自分の学力レベルを知る」こと。自分の学力レベルがわからないと、「自分に合った参考書」を見つけることも、「知識の不足分」を埋めることもできないでしょう。

そして**「相手を知る」とは、「志望校の傾向を知る」こと**です。

【ステップ②】が終わった時点で過去問を解き、【ステップ③】から具体的な「志望校対策」（難関レベル）に移りますが、「志望校の傾向」だけは、できるだけ早い時期に、それこそ【ステップ①（基礎レベル）】にいるときから把握しておいてもいいと思います。

早い時期から「志望校の傾向」がわかっていると、それだけ「勉強のムダ」を省くことができるからです。

たとえば、２００８年度までの入試傾向によると、慶應大学・経済学部の日本史であれば「１６００年以前は出ない」、世界史であれば「１５００年以前は出ない」という傾向があります。それなのに、原始時代や縄文時代から勉強をはじめる受験生がいます。「出ないところを勉強する」のは、あきらかに「時間のムダ」ですよね。

現役合格に失敗したＦ君は、決して偏差値が低かったわけではありません。

けれど、**「出題される分野」と「出題されない分野」をわきまえず、「あれもこれも、めったやたらに勉強していた」**といいます。

英単語をたくさん覚えて、英文法をたくさん覚えて、模試を受けて、模試の結果から導かれた偏差値を参考に志望校を決めて……。F君は「志望校の傾向」をまったく知らずに受験に臨んでしまったのでしょう。

F君は、英文法も、英文読解も、同じくらいの時間を費やして勉強したそうですが、志望校の出題配分は「英文読解を重視」。しかも英文法に関しては「標準レベル」でも十分でした。

もしF君がもっと早い段階で「相手のこと」を知っていたら、「英文読解」に力を入れることができたでしょう。

F君は、「最終的に求められるもの」を知らなかったばかりに（結果思考で考えることができなかったために）、「たくさんのことを勉強するハメになった」のです。

実力はあったのに「戦略」を知らなかった。だから結果を出すことができなかったのです。

僕はよく、受験生たちにこう言います。

**「相手を知るために、過去問を解こう！」**

過去問を解いて、頻出度が高い分野と低い分野をはっきりさせておく。「ここが足りない」、「ここが解けない」、「でも、こういう問題が出題されるんだな」ということをしっかり認識したうえで、知識を積み上げていくほうが時間を有効に使うことができます。

「過去問」は受験勉強の「仕上げ」に行なうものではありません。【ステップ②】が終了したら「過去問」に取り組み、「相手の出方」に探りを入れておきましょう。

28

# 第2志望、第3志望は、第1志望の勉強が生かせる大学を選ぶ

## 志望校を決めるときは、「偏差値」だけに縛られない

「最終的に求められるもの」がわかってくると、「第2志望」「第3志望」を決めるときの参考にもなります。

多くの受験生は、F君のように、模擬試験の偏差値を基準に「成績のいい順番」、「入れそうな順番」から第1志望、第2志望、第3志望を決めてしまいがちです。ところが第2志望、第3志望の試験内容が、第一志望（東大）の傾向と大きく異なっていると、それだけたくさんの対策を立てなければなりません。

**第2志望や第3志望は、「第1志望の勉強を生かせる大学」、「第1志望の勉強とマッチングのいい大学」、「第1志望の勉強の延長線上にある大学」を選ぶのがポイントです。**

たとえば、センター試験の「公民」に「政経」を選んでいる受験生なら、「長文読解」と「政経」を鍛えるだけで「早稲田大学の法学部」を狙うことができます。

**【マッチングのよい志望校の例】**

■【第1志望】東京大学・文科Ⅱ類
【第2志望】↓早稲田大学・政治経済学部
↓早稲田大学・政治経済学部（大学センター試験利用入試）
↓慶應義塾大学・経済学部／商学部

■【第1志望】京都大学・文学部
【第2志望】↓早稲田大学・文学部
↓慶応義塾大学・文学部

ない

の配点が近いところを選ぶ

**D大学**

| 科目 | 難易度 | 配点比率 |
|---|---|---|
| 英語 | 6/10 | 33% |
| 数学 | 6/10 | 33% |
| 国語 | 7/10 | 33% |

→ 最適な「第2・3志望」の大学

**E大学**

| 科目 | 難易度 | 配点比率 |
|---|---|---|
| 英語 | 8/10 | 40% |
| 数学 | 6/10 | 20% |
| 国語 | 7/10 | 40% |

ベストな配点だが、
D大学のほうが、本命より
英語のランクが低いため、
D大学が適当

## 「第2志望」「第3志望」の見つけ方　3つのポイント

難易度　高

**ポイント1** 本命の科目数を越えない

∨

**ポイント2** 本命の科目難易度を越え

∨

**ポイント3**（できれば）本命の科目と

低

**A大学**

| 科目 | 難易度 | 配点 | 配点比率 |
|---|---|---|---|
| 英語 | 8/10 | 200 | 40% |
| 数学 | 6/10 | 100 | 20% |
| 国語 | 7/10 | 200 | 40% |

**B大学**

| 科目 | 難易度 | 配点比率 | |
|---|---|---|---|
| 英語 | 8/10 | 50% | |
| 数学 | 5/10 | 20% | |
| 地歴 | 9/10 | 20% | NG |
| 小論文 | 7/10 | 10% | NG |

**C大学**

| 科目 | 難易度 | 配点比率 | |
|---|---|---|---|
| 英語 | 10/10 | 40% | NG |
| 数学 | 6/10 | 20% | |
| 国語 | 9/10 | 40% | NG |

東大を目指していたI君から、「第1志望校を早慶に切り替えたいのですが……」と相談を受けたとき、僕は迷わず「慶應大学・経済学部」をすすめました。その理由は、I君が「数学」を得意としていたから。そして慶應大学が、文系受験における「数学選択」を歓迎していたからです。

慶應大学・経済学部のA方式（外国語・数学・小論文）は、B方式（外国語・歴史・小論文）よりも、競争倍率が低い。「B方式」が倍率7倍弱だとすれば、「数学」を選択する「A方式」は倍率約4倍強。数学が得意なI君には、大変有利なのです。

I君は、【ステップ③「東大・早慶・国公立レベル」】の途中で志望校を変えましたが、東大対策がムダになることはなく、見事、「慶應大学・経済学部」に合格することができました。

ただし、**いくら「第1志望の勉強が生かせるから」といって、第2志望、第3志望が「行きたい大学」でなかったら、受験する意味がありません。**

たとえ「本命」でなくても、「その大学に行ってもいい」という思いがなければ受験勉強は続かないでしょうし、もしその大学に通うことになったとしたら、大学生活がつまらないものになりかねません。

そこで、志望校を選ぶときは、「学力を問わず、自分の行きたい大学」を「10校」ほどピックアップして、そのなかから「試験科目のマッチングのいい大学」を「3校」選ぶようにします。

**「行けそうな大学」ではなく、「行きたい大学」を見つけるのがポイントです。**「行きたい大学に合格するために勉強する」、「自分が望む将来を得るために勉強する」と思えれば、勉強が楽しくなってくるはずです。

29

# 「現代文」→「英語」の順番がもっとも成績アップが速い

# 受験勉強は「現代文」と「英語」からスタートする

ひとつ質問します。

「志望校の傾向」をあきらかにした結果、「社会」「現代文」の配点が同じだったことがわかりました。

ではこの場合、「社会」と「現代文」、どちらを先に仕上げるべきでしょうか。

**答えは、「現代文」です。**

なぜか。**「現代文」は「英語」以上に「思考力」を磨くのに適した科目なので、「現代文の成績」がアップすると、他のすべての科目の成績がアップしていくから**です。

「思考力」を磨くと、「言葉に対する認識」が高くなるため、文脈を正確に把握できるようになります。したがって、受験勉強を体系的に進めていけるのです。

そして、次に取り組むべきは「英語」です。

**「英語」はとても「論理的な科目」であり、「英語を極める」ことも、「思考力」が磨かれることにも大きく貢献します。**

さらに「現代文」「英語」は、「一度使えるようになると、忘れにくい」、「一度学力を上げると、下がりにくい」という科目特性があるため、復習に時間を取られることがありません。ですから、先に「現代文」や「英語」を仕上げたほうが効率的です。

「社会」は、「1年かけて1冊学ぶ」、「1年かけて基礎を学ぶ」くらいの緩いペースで考え、「11月からの残り3カ月間」で仕上げていけばいい。

最初に「社会」を仕上げてしまうと、インプットした知識を保持するために、たくさん復習を必要としてしまいます。

30

# 「点数戦略」とは、「何を捨てるか」を考えること

## 「偏差値」よりも、志望校の「得点率」を重視する

受験生は、「偏差値」に一喜一憂しがちです。

模試の偏差値が高ければ、「合格に近づいた！」と安心し、偏差値が低いと「ヤバイかも……」と落胆します。

たしかに偏差値は、「集団の平均値から、自分がどの程度離れているか」を示す数値ですから、「自分の学力レベル」を知る「一定のモノサシ」になります。

けれど、「模試」の偏差値が高いからといって、必ずしも志望校に合格できるわけではありません。なぜでしょう？

模試の偏差値は、「全範囲の点数」から導き出されるものです。A君の偏差値が「58」で、B君の偏差値も同じように「58」だとした場合、あくまでも数値上では、

「2人の学力レベルは同じ」と考えることができます。ですが、この考え方には「大きな間違い」が潜んでいます。

たとえば、A君の偏差値は、「英文読解が解けず、文法問題が解けた」結果としての「58」であり、B君の偏差値が「文法問題は解けず、英文読解が解けた」結果としての「58」だとしたら……。

偏差値は同じでも、「得点率が違う」(どの出題分野で点数を取っているかが違う)ことがわかります(英文読解＝英文解釈×現代文的読解)。

**現在の大学受験は、「文法問題より、英文読解を重視する傾向」にありますから、得点率から考えると、「B君のほうが合格に近い」といえるのです。**

受験生K君は、11月に受けた模試の偏差値がなんと「72」もあったのに、偏差値「70」の「早稲田大学・商学部」に合格できませんでした。

科目ごとの偏差値は、
科目全体の得点の相対評価

模試の難易度によって、
同じ45点/100点でも、
偏差値58もあれば40もある

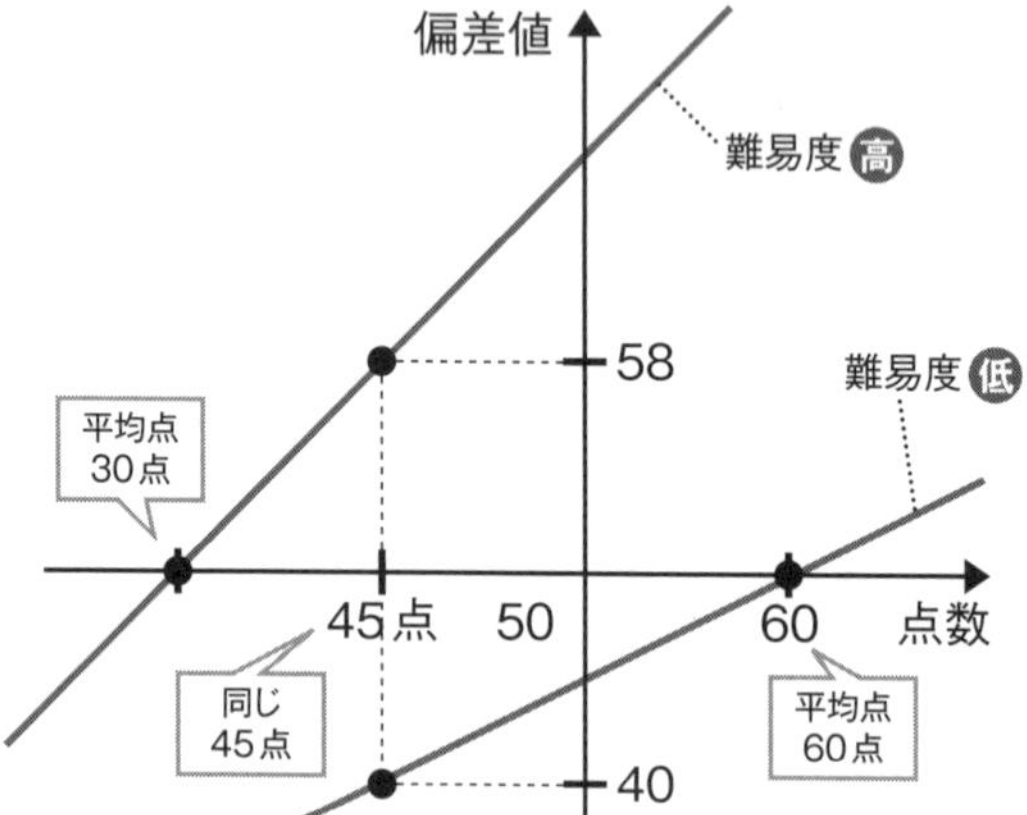

## 偏差値が同じでも、「合格可能性」は違う！

**A君のケース** ⇨得点45点

- 英文法　30点/30点
- 英文読解　0点/50点 （ほとんどわからず）
- 発音・アクセント　5点/10点
- 会話文　10点/10点

**B君のケース** ⇨得点45点

- 英文法　0点/30点 （時間切れ）
- 英文読解　45点/50点 （少し時間はかかったけど）
- 発音・アクセント　0点
- 会話文　0点

**B君のケースのほうが英文読解を重視する難関大を目指せる!**
**さらに、英文法などは比較的早期に習得できる!**

一方N君は、模試の偏差値がたった「58」しかなかったのに、K君が落ちた「早稲田大学・商学部」に合格したのです。K君とN君、2人の違いはどこにあるのでしょう?

K君は、偏差値ばかりを追い求め、「自分は偏差値72だから、70の大学を受ければ受かるだろう」とたかをくくっていました。ところが試験当日、彼の得意とする分野(K君は文法問題が得意だった)があまり出題されなかった。

つまりK君は、**「志望校の傾向」、「志望校の得点率」、「頻出度の高い問題と低い問題」を知らずに勉強していた**。だから不合格になってしまったのです。

では、偏差値が12も足りないN君は、どうして合格できたのでしょう?

それは、「志望校の得点率」をあらかじめ知っていたからです。

N君は模試の偏差値が「58」でしたが、それは英作文や発音問題が解けなかっただけで、英文読解については、「9割がた」解けていました。

「早稲田大学・商学部」は「英文読解の得点率が高い（出題数が多く、得点も高い）」ことを知っていたN君は、「英文読解」の実力を伸ばすことを優先。そして、あまり出題率も得点率も高くない英文法問題は、後回しにすることにしたのです。

「英文法問題は、すべて正解できたとしても、それほど得点を稼ぐことができない（得点率が高くない）。それならば、英文法問題は捨てて、英文読解に力を入れるべき」と考えたN君の「戦略勝ち」だったのです。

## 「合格最低点」をどのような配分で取っていくか

大学受験にはこの「点数戦略」が欠かせません。

受験科目の「得点率」の傾向や自分の得意・不得意を考慮して、「合格するのに必要な点数を、どのような配分で（どのような科目や出題分野で）取っていくか、あるいは捨てるのか」を考えていくことが大切です。

たとえば、英語・日本史・国語の3科目がそれぞれ100点ずつ（合計300点満点）あり、「合格最低点が180点」（3科目の合計が180点なら合格できる）の大学を受験するとします。

過去問を解いてみたところ、あなたの得点は、「英語70点」、「日本史20点」、「国語20点」でした。「合計110点」。合格最低点に70点足りません。

では、「足りない70点」をどのように補っていくべきでしょうか。3教科すべて60点取れるように底上げして、「60点×3科目＝180点」にする点数戦略もあるでしょう。

対策は、「志望校の傾向」によって変わってくるのです。

とくに「日本史の難易度が高い大学（早稲田大学など）」を受験する場合は、そもそも70点以上の高得点を取る受験生が少ないため、「日本史が得意な人と、不得意な人の差がつきにくい」。

ということは、「標準的な参考書を勉強して、簡単な問題を落とさないようにする」ことができれば、それ以上むずかしい勉強をする必要はありません。

だとすれば、「英語」「国語」の対策に時間を割き、「日本史」は最小限に留めるプランもありうるわけです。

K君のように「偏差値が72」あっても、「合格最低点」が取れていなければ、合格できません。ですから「点数戦略」は、「偏差値よりも合格最低点で考える」ことが大切です。

「得点率」を重視すれば、「何を捨てるか」が見えてきます。**「点数戦略」とは、「何を補うか?」ではなく「何を捨てるか?」を考えることなのです。**

# 31

# 「点数戦略」は、ひとつの科目のなかでも考える

# 「その科目のなかの出題分野」ごとに、点数戦略を持つ

「点数戦略」ではまず、全科目のなかで、「どの科目で得点を上げていくか」（科目別の点数戦略）を見て、つづいて「その科目のなかで、どの出題分野で得点を上げていくか」（出題分野別の点数戦略）を見ていくことが大切です。

細かく見ていくことによって、「自分の課題」と「課題を克服するために何をすべきか」がはっきりしてくるからです。

たとえばあなたが、英語で得点を上げていく「点数戦略」を練ったとします。ところが、出題分野別の得点を見たところ「英文読解」の点数が2割しか取れていないことがわかった。では、「英文読解」の成績を上げるために、「何をすべき」でしょうか。

「英文読解」の実力をつけるには、次の「3つの要素」を高めなければなりません。

①基礎的な英単語と英文法
②英文解釈（ほかの文章とのつながりは考えず、1文1文を単語と文法的な解釈で読み解く）
③英文読解（1文1文のつながりを見ながら全体の内容を把握する論理的な読解力。
＋②の英文解釈に現代文的な読解力が加わったものが、英文読解）

この「3つの要素」が揃っていない状態では、「英文読解」の得点を上げることはできません。「英文読解が2割しかできていない」ということは、この3つのいずれかが「破綻」しているということです。

・「英単語」はきちんと覚えているか？
・覚えた英単語は「中学レベル」か、「高校標準レベル」か、「難関大学レベル」か？
・「英文法」を理解しているか（理解したうえで覚えているか）？

・覚えた英単語と英文法を使いこなすことができているか？
・「英文解釈」はできているか？
・「現代文」の点数は何点か？

**要素ごとに細かく見ていけば、「英文読解の得点が低かった原因」があきらかになります。**

たとえば、「英単語」と「英文法」が完成されていた場合は、英文解釈か現代文に原因があることがわかり、英文解釈もできているのであれば、「現代文が弱いから英文解釈の得点が取れなかった」と仮説を立てることができます。

ですからこの場合「現代文のレベルアップを図る」ことが「英文解釈」の点数を上げる解決策になります。

# まとめ

## 第4章 「科目ごとの点数戦略」、偏差値ではなく得点率を重視する

◎相手を知れば、たとえ「東大受験」でさえむずかしくはない

◎受験勉強では、「過去問」が最重要

◎第2志望、第3志望は、第1志望の勉強が生かせる大学を選ぶ

◎「現代文」→「英語」の順番がもっとも成績アップが速い

◎「点数戦略」とは、「何を捨てるか」を考えること

◎「偏差値」よりも、志望校の「得点率」を重視する

VICTORY VOICE 8

# 合格者の声⑧

## 慶應模試の総合成績で2位に！

松原先生と出会ったことで、僕を取り巻く受験環境は劇的に変わりました。僕が通っていた高校は、校則はほとんどなく、茶髪OK、金髪OK、ピアスOK、私服登校OK（むしろ制服がない）といっためずらしい高校で(笑)、東大には、毎年1～2人合格する程度の地方進学校でした。

こんな「なんでもアリ」な高校で、僕は部活には必死に取り組んでいたものの、勉強面では教科書すら1冊も買わず、授業中は友達と談笑したり、寝ていたり。きわめて不真面目な生徒でしたね（笑）。

そんなわけで、学校のテストではいつも赤点ギリギリ。しかしながら、こんなダメダメな僕でも「大学に進学したい」という気持ちは強く、馬鹿にされるのが煩わしくて公言することを避けていましたが、**「せっかく受験するのなら、東大、京大、一橋、早稲田、慶應のいずれかに進学したい」**と思っていました。

高校3年生の夏、ついに燃えに燃えた部活の引退を迎えました。

そして、まわりが受験へとシフト変更していく流れに乗り、僕も志望校を「慶應の経済学部」に決め、本格的に受験勉強をはじめたのです。

受験勉強をはじめてから最初に受けた駿台のマーク模試は、英語が「偏差値52」、数学が「偏差値48」。志望校を考えるとひどいものでした。担任からは「志望校を変えろ」、「死ぬ気でやれば、MARCHならカスるかもしれない」とボロクソに言われましたが（笑）、担任の厳しい指摘で、かえって僕の闘志が燃え盛りました。「絶対に慶應に合格してびっくりさせてやろう」と。

ちょうどそのころ、僕は、自分と同じような境遇を克服した人間を知りました。

松原一樹先生です。

その後、僕は「9割式勉強法」を受けます。勉強方法に革新が起きました。**先生を信じて勉強を毎日続けた結果、「慶應プレ」では「総合成績で2位」になるなど、学力は飛躍的アップ**。担任の先生も、別人のように成績が上がっている僕を見て本当に驚いていたようです。

最終的には、念願の慶應大学・経済学部に危なげなく合格することができました。

劣等生からの難関大合格の大先輩としての松原先生。受験の名コーチとしての松原先生。落第生が奮起して挑む受験においてこんなに頼りになる人は絶対にいません。

（S・Y　慶應大学・経済学部）

# 第5章

An effective learning method:
achieving a high percentage
of success

# 2000冊から厳選した参考書

※「★印」がついている「参考書」は、「大学受験」以外にも、社会人が勉強する際の「効率的な学び直し」に最適です。

| 著者 | 出版社 | 勉強方法 |
| --- | --- | --- |
| 桐原書店編集部 | 桐原書店 | 単語部分のみ。「1つの単語は数秒触れる」×「触れる回数は多く」 |
|  | くもん出版 | 復習のとき、わからないときは、ドンドンさかのぼって学習する |
| 大岩 秀樹 | ナガセ | 第5講まで学習する。高校レベルの英文法のエッセンスが学べる |

| 著者 | 出版社 | 勉強方法 |
| --- | --- | --- |
| 西 きょうじ | 代々木ライブラリー | 英文法を駆使して一文ずつ読む訓練をする |
| 大岩 秀樹 | ナガセ | 第6講から第17講まで学習する。5〜10行の文章を読み、英文に慣れる |
| 桑原 信淑 | 桐原書店 | やや難しめの一文を読む訓練をする。ステップ1のデータベースの熟語部分も同時にこなす |
| 竹岡 広信 | 中経出版 | センター英文読解の演習。現代文ステップ2の参考書『入試現代文へのアクセス―五訂版―』（河合出版）の終了が開始条件 |
| 安河内 哲也 | 旺文社 | センター英文読解の演習 |
| 瓜生 豊（編集）、篠田 重晃（編集） | 桐原書店 | Part1〜Part4まで学習する。センター第二問対策（文法問題）である |
| 国生 浩久 | 学研 | センター第一問対策（発音アクセント）である |
| 里中 哲彦 | 中経出版 | リスニング対策 |
| 小菅 淳吉（著）、キャロリン ミラー（著）、Carolyn Miller（原著）、迫村 純男 | 桐原書店 | リスニング対策 |

## 「英語」　9割式勉強法が厳選した参考書

| ステップ1（基礎レベル） | レベル | 書名 |
|---|---|---|
| ステップ1　★ | （基礎） | データベース3000基本英単語・熟語 |
| ステップ1　★ | （基礎） | くもんの中学英文法―中学1～3年 基礎から受験まで（スーパーステップ） |
| ステップ1　★ | （基礎） | 大岩のいちばんはじめの英語長文―大学受験英語（東進ブックス―気鋭の講師シリーズ） |
| **ステップ2（センター試験レベル）** | **レベル** | **書名** |
| ステップ2　★ | （センター試験） | 英文読解入門基本はここだ!―代々木ゼミ方式 |
| ステップ2 | （センター試験） | 大岩のいちばんはじめの英語長文―大学受験英語（東進ブックス―気鋭の講師シリーズ） |
| ステップ2　★ | （センター試験） | 入門英文解釈の技術70（大学受験スーパーゼミ徹底攻略） |
| ステップ2　★ | （センター試験） | パワーUP版 センター試験英語［読解］の点数が面白いほどとれる本 |
| ステップ2 | （センター試験） | ステップ by ステップ速読英語長文トレーニングLevel（2） |
| ステップ2 | （センター試験） | Next Stage英文法・語法問題―入試英語頻出ポイント215の征服 |
| ステップ2　★ | （センター試験） | 英語発音&アクセント―国生のスーパー暗記帖（快適受験αブックス） |
| ステップ2　★ | （センター試験） | CD2枚付 里中哲彦の センター試験 英語［リスニング］いっき集中攻略法 |
| ステップ2 | （センター試験） | ズバリ攻略!センター試験英語リスニング問題別攻略100問 |

| 著者 | 出版社 | 勉強方法 |
|---|---|---|
| 石井 貴士 | 中経出版 | 熟語重視の東大・早慶向き |
| 富田 一彦 | 代々木ライブラリー | 1日3題→20日で完了。読んでいて意味がわからなかった熟語にマーカーをひいておき、3題終わる度に復習する |
| 富田 一彦 | 大和書房 | 問題:1日1題→5日、復習1日。<br>練習問題:7題を「1〜2」「3〜4」「5〜6」「7」と4日で解く。復習1日 |
| 富田 一彦 | 大和書房 | 問題:「6」は2日、他は1日1題→で5日間。復習1日。練習問題:7題を「1〜2」「3〜4」「5〜6」「7」と4日で。復習1日 |
| 中澤 幸夫 | 株式会社Z会 | 何度も読みながら単語を覚えていく |

| 著者 | 出版社 | 勉強方法 |
|---|---|---|
| 高橋 善昭 | 駿台文庫 | Part1の範囲を学習。1日3題、最後は2題→トータル9日間、復習1日 |
| 高橋 善昭 | 駿台文庫 | Part2(1〜20)の範囲を学習。1日4題→トータル5日間 |
| 高橋 阿里 | 株式会社Z会 | 第一章　1日10題で12日間、復習1日。<br>第二章　1日8題で5日間、復習1日 |
| 瓜生 豊、<br>篠田 重晃 | 桐原書店 | Extra以外1日100題→11日間、復習2日。<br>Extra(並び替え・正誤指摘問題)1日67題→3日間、復習1日 |
| 瓜生 豊、<br>篠田 重晃 | 桐原書店 | 1日50題→13日間、復習1日。<br>基本的には『全解説 頻出英文法・語法問題1000』(桐原書店)で十分。整除問題が苦手なひとはExtraの前にやる |
| | 河合出版 | 1日5題→10日間、復習2日 |
| 竹岡 広信 | 中経出版 | 1日1題ペースで行う。週に5日先に進める。復習は週に1日しっかり行う。1日は休み。 |
| 大矢 復 | 桐原書店 | 第3章のみ学習する。要約英作文1日2題→4日間。自由英作文(過去問6まで)1日2題→3日間。復習1日 |
| 成田 あゆみ、<br>日比野 克哉 | 株式会社Z会 | 序章まで2日間。第1章2日間。第1章復習1日間。第2章2日間。第3章3日間。第2〜3章復習1日間。「別冊」の暗記は絶対にやるべき。※東大の英作文は09年入試で傾向が変わり、穴埋め式の問題が出題されたため |
| 安河内 哲也 | ナガセ | まず聞こえてくる英語を紙に書き取り、聞こえる英語と聞こえない英語を明確化しましょう。次に聞こえない箇所を重点的にひたすら聞き込み、書き取れるまで繰り返します。その上で音読をしましょう。 |
| 木村 達哉 | アルク | Chapter「1」と「2-1」まで1日間。「2-2」と「2-3」と「2-4」を2日間。「2-5」と「2-6」と「2-7」を2日間。「2-8」と「2-9」と「2-10」を2日間 |
| のとう 修一、<br>伊坂 保彦、<br>Thomas Carr著 | 株式会社Z会 | Section1を3日間、復習1日。<br>Section2を4日間、復習1日。<br>Section1を4日間、復習1日 |

| ステップ3（東大・早慶・国公立レベル） | レベル | 書名 |
|---|---|---|
| ステップ3　★ | （東大・早慶 共通） | 1分間英熟語1400 |
| ステップ3　★ | （東大・早慶 共通） | 出題形式別英文読解論理と解法―代々木ゼミ方式 |
| ステップ3 | （東大・早慶 共通） | 富田の〈英語長文問題〉解法のルール144（上） |
| ステップ3 | （東大・早慶 共通） | 富田の〈英語長文問題〉解法のルール144（下） |
| ステップ3 | （東大・慶應のみ） | 話題別英単語リンガメタリカ［改訂版］ |

| ステップ3（東大設問別対策） | レベル | 書名 |
|---|---|---|
| ステップ3 | （東大IA）（要約） | 英文要旨要約問題の解法（駿台受験シリーズ） |
| ステップ3 | （東大IA）（要約） | 英文要旨要約問題の解法（駿台受験シリーズ） |
| ステップ3 | （東大Ⅳ B）（和訳） | 120構文で攻略する 英文和訳のトレーニング |
| ステップ3 | （東大文法） | 全解説 頻出英文法・語法問題1000（大学受験スーパーゼミ） |
| ステップ3 | （東大文法） | 頻出英語整序問題850 全解説 |
| ステップ3 | （東大4A正誤問題対策） | 英文法・語法正誤問題―スーパー講義（河合塾SERIES） |
| ステップ3 | （東大英作文） | CD2枚付 竹岡広信の英作文が面白いほど書ける本 |
| ステップ3 | （東大英作文） | 大学入試最難関大への英作文―書き方のストラテジー |
| ステップ3 | （東大英作文） | ［自由英作文編］英作文のトレーニング |
| ステップ3　★ | （東大リスニング） | 安河内のセンター英語リスニングをはじめからていねいに |
| ステップ3　★ | （東大リスニング） | 灘高キムタツの東大英語リスニング（英語の超人になる！アルク学参シリーズ） |
| ステップ3 | （東大リスニング） | 大学入試 リスニングのトレーニング 上級編 |

※「★印」がついている「参考書」は、「大学受験」以外にも、社会人が勉強する際の「効率的な学び直し」に最適です。
特に「現代文」に関しては、「読書」が苦手な社会人や、「資格試験」の勉強の進み具合が悪いと感じている社会人にオススメです。

| 著者 | 出版社 | 勉強方法 |
|---|---|---|
| | 旺文社 | まずは漢字をしっかり習得する。言葉を知ることからはじめよう |

| 著者 | 出版社 | 勉強方法 |
|---|---|---|
| 前島 良雄、牧野 剛、三浦 武、吉田 秀紀、後藤 禎典 | 河合出版 | 高校レベルからセンターまで耐えうる用語暗記を行なう |
| 渡辺 パコ | かんき出版 | 現代文が読めるというのはどういうことか、読んで理解していく |
| 荒川 久志、立川 芳雄、野島 直子、晴山 亨、石川 匠 | 河合出版 | 現代文を読む訓練と問題の解き方を理解していく |
| 河合塾国語科 | 河合出版 | センターで高得点を狙う人向け |
| 板野 博行 | アルス工房 | 「MARCH（明・青・立・中・法）」以上を受ける人向け |

| 著者 | 出版社 | 勉強方法 |
|---|---|---|
| 酒井 敏行 | 情況出版 | 早稲田（法・文）向け |
| 堀木 博禮 | 株式会社Z会 | 早稲田や難関私大を目指す人の演習 |
| 二戸 宏羲、清水 正史 | 駿台文庫 | 早稲田以外の方は、やらなくて良い |
| 天羽 康隆 | 河合出版 | 【論述対策】<br>第一部…5日（全5章、1日1章）。<br>第二部…20日（全20問、1日1問）。<br>復習2日。時間はかなりゆったり目にとっているが、これは論述問題は自分で何回も回答を作ってほしいから。1度答えを見た後でまた自分なりに直した答案を書く |

## 「現代文」 9割式勉強法が厳選した参考書

| ステップ1（基礎レベル） | レベル | 書名 |
|---|---|---|
| ステップ1 ★ | （基礎） | 一問一答 漢検 プチドリル4級 3訂版 |
| **ステップ2（センター試験レベル）** | **レベル** | **書名** |
| ステップ2 ★ | （センター試験） | ことばはちからダ!現代文キーワード—入試現代文最重要キーワード20（河合塾SERIES） |
| ステップ2 ★ | （センター試験） | はじめてのロジカルシンキング—3つのステップで考える |
| ステップ2 ★ | （センター試験） | 入試現代文へのアクセス—五訂版—（河合塾SERIES） |
| ステップ2 | （国公立のみ） | マーク式基礎問題集18 現代文 |
| ステップ2 | （私立文系のみ） | ゴロゴ板野の現代文解法565（ゴロゴ）パターン集 |
| **ステップ3（東大・早慶・国公立レベル）** | **レベル** | **書名** |
| ステップ3 | （早稲田） | 酒井の現代文ミラクルアイランド（評論篇） |
| ステップ3 | （早稲田） | ［私大編］現代文のトレーニング 改訂版 |
| ステップ3 | （早稲田） | 現代文ターゲット別問題集（ハイレベル私大編）（駿台受験シリーズ） |
| ステップ3 | （東大） | 得点奪取現代文—記述・論述対策（河合塾SERIES） |

※「★印」がついている「参考書」は、「大学受験」以外にも、社会人が勉強する際の「効率的な学び直し」に最適です。

| 著者 | 出版社 | 勉強方法 |
|---|---|---|
| 高橋 一雄 | ベレ出版 | わからない分野を読み込み、例題の解説を見ながら書き写していく |
| 馬場 敬之、高杉 豊 | マセマ出版社 | 『計算力を強くする 状況判断力と決断力を磨くため』(鍵本 聡)で計算力もつけよう |
| 安光 秀生、長岡 亮介 | 旺文社 | 文系でも東大や早慶なら省いてはいけない。「文系は例題のみ」学習しよう |

| 著者 | 出版社 | 勉強方法 |
|---|---|---|
| 和田 秀樹 | 学研 | 回答のプロセスを自分で書いて、一つ一つプロセスを理解していく。繰り返すことで習熟していく |
| 上田 惇巳、楠本 正、阪本 敦子 | 駿台文庫 | センターで高得点を狙う人向け |
| 馬場 敬之、久池井 茂 | マセマ出版社 | 解説が理解できない場合は、同じマセマ出版社から出ている『スバラシク面白いと評判の初めから始める数学II・B(Part1)』と『スバラシク面白いと評判の初めから始める数学II・B(Part2)』とで代用する |
| 馬場 敬之、久池井 茂 | マセマ出版社 | 同上 |
| 東京出版編集部 | 東京出版 | ベクトルが苦手な人向け |
| 安光 秀生、長岡 亮介 | 旺文社 | 文系でも東大や早慶なら省いてはいけない。「文系は例題のみ」学習しよう |
| 和田 秀樹 | 学研 | 回答のプロセスを自分で書いて、一つ一つプロセスを理解していく。繰り返すことで習熟していく |
| 上田 惇巳、楠本 正、阪本 敦子 | 駿台文庫 | センターで高得点を狙う人向け |

| 著者 | 出版社 | 勉強方法 |
|---|---|---|
| 鳥山 昌純 | 河合出版 | 難関大向けの数学演習 |
| 馬場 敬之、高杉 豊 | マセマ出版社 | 難関大向けの数学演習 |

## 「数学」　9割式勉強法が厳選した参考書

| ステップ1（基礎レベル） | レベル | 書名 |
|---|---|---|
| ステップ1　★ | （基礎） | 語りかける中学数学 |
| ステップ1　★ | （基礎） | 元気が出る数学Ⅰ・A 新課程 |
| ステップ1 | （基礎） | 本質の解法数学Ⅰ・A—Core & block |
| **ステップ2（センター試験レベル）** | **レベル** | **書名** |
| ステップ2 | （センター・地方国公立） | 和田式センター数学Ⅰ・A—新課程（新・受験勉強法シリーズ） |
| ステップ2 | （センター・地方国公立） | 短期攻略センター数学Ⅰ・A（実戦編）（駿台受験シリーズ） |
| ステップ2　★ | （センター・地方国公立） | スバラシク強くなると評判の元気が出る数学Ⅱ—新課程 |
| ステップ2 | （センター・地方国公立） | スバラシク強くなると評判の元気が出る数学B—新課程 |
| ステップ2 | （センター・地方国公立） | ベクトルの集中講義（教科書Next） |
| ステップ2 | （センター・地方国公立） | 本質の解法数学Ⅱ・B〈数列・ベクトル〉—Core & block |
| ステップ2 | （センター・地方国公立） | 和田式センター数学Ⅱ・B—新課程（新・受験勉強法シリーズ） |
| ステップ2 | （センター・地方国公立） | 短期攻略センター数学Ⅱ・B（実戦編）（駿台受験シリーズ） |
| **ステップ3（東大・早慶・国公立レベル）** | **レベル** | **書名** |
| ステップ3 | （東大・早慶共通） | 文系数学の良問プラチカ—数学Ⅰ・A・Ⅱ・B（河合塾SERIES—入試精選問題集） |
| ステップ3 | （東大・早慶共通） | 解説がスバラシク親切な頻出レベル文系・理系数学Ⅰ・A、Ⅱ・B—新課程 |

※「★印」がついている「参考書」は、「大学受験」以外にも、社会人が勉強する際の「効率的な学び直し」に最適です。

| 著者 | 出版社 | 勉強方法 |
|---|---|---|
| 望月 光 | 旺文社 | 気楽に読んでみる |
| 漆原 慎太郎 | 中経出版 | このステップ1では「別冊」のみやる。※「決定版」ではなく「パワーUP版」を使います。 |
| 佐藤 敏弘 | 中経出版 | 初心者でもわかりやすい。全て覚えようとしなくてもいいから一読する。荻野文子の『超基礎国語塾 マドンナ古文』(学研)が難しく感じる人に特にお勧め |
| 板野 博行 | アルス工房 | 最初は語呂で覚えてもいいのだが、例文をきちんと訳せるように熟読していくことが重要 |
| 漆原 慎太郎 | 中経出版 | このステップ2では「本冊」のみやる。※「決定版」ではなく「パワーUP版」を使います。 |
|  | 河合出版 | 問題の解き方を習得する |
| 相澤 尋 | 学習研究社 | センター古文の総仕上げ |
| 和田 純一 | 旺文社 | ステップ3では最低やらねばならないもの |
| 小泉 貴 | 株式会社Z会 | ステップ3では最低やらねばならないもの |
| 関谷 浩 | 駿台文庫 | 東大では必須の参考書 |

※「★印」がついている「参考書」は、「大学受験」以外にも、社会人が勉強する際の「効率的な学び直し」に最適です。

| 著者 | 出版社 | 勉強方法 |
|---|---|---|
| 三羽 邦美 | 旺文社 | 気楽に読んでみる |
|  | 河合出版 | 解説が詳しく、解きながら基本事項の習得ができる |
| 高橋 浩樹 | 学習研究社 | 「音読」を20回以上行なう |
| 仁田峠 公人 | 株式会社Z会 | 「音読」を20回以上行なう |
| 仁田峠 公人 | 株式会社Z会 | ステップ3では最低やらねばならないもの |

## 「古文」 9割式勉強法が厳選した参考書

| ステップ | レベル | 書名 |
|---|---|---|
| ステップ1 ★ | （基礎） | 望月光の超基礎がため古文教室 古典文法編（単行本） |
| ステップ1 ★ | （センター試験レベル） | パワーUP版 センター試験 国語［古文］の点数が面白いほどとれる本 |
| ステップ2 | （センター試験レベル） | 佐藤敏弘の古文文法が面白いほどわかるスペシャルレクチャー |
| ステップ2 ★ | （センター試験レベル） | 古文単語ゴロ565 増補改訂版―大学入試 ゴロで覚える |
| ステップ2 | （センター試験レベル） | パワーUP版 センター試験 国語［古文］の点数が面白いほどとれる本 |
| ステップ2 | （センター試験レベル） | マーク式基礎問題集 19　古文 |
| ステップ2 | （センター試験レベル） | 「源氏」で学ぶ入試古文（学研合格新書） |
| ステップ3 | （東大・早稲田） | 読解古文問題集 難関大編 |
| ステップ3 | （東大・早稲田） | 最強の古文 読解と演習50 |
| ステップ3 | （東大のみ） | 古文解釈の完成 中・上級問題集 |

## 「漢文」 9割式勉強法が厳選した参考書

| ステップ | レベル | 書名 |
|---|---|---|
| ステップ1 ★ | （基礎） | 三羽邦美の超基礎がため漢文教室 |
| ステップ2 | （センター試験） | マーク式基礎問題集20　漢文 |
| ステップ2 | （センター試験） | 論語・韓非子で学ぶ入試漢文（学研合格新書） |
| ステップ2 | （センター・地方国公立） | 漢文入門 |
| ステップ3 | （東大） | 最強の漢文 |

※「★印」がついている「参考書」は、「大学受験」以外にも、社会人が勉強する際の「効率的な学び直し」に最適です。

| 著者 | 出版社 | 勉強方法 |
|---|---|---|
| 竹内 睦泰 | ブックマン社 | 気楽に読んでみる |
| 久我 純一、松本 晃和、横関 浩司 | 山川出版社 | 解きながら覚える。そのやり方が苦しい場合は、先に答えを見てから、読み込む |
| 金谷 俊一郎 | ナガセ | センターレベルまで学習する。東大にはこの課題は飛ばしても良い |
| Z会出版編集部 編 | 株式会社Z会 | 解きながら覚える。単に問題を解いて終わりではなく、解説を読み込む |
| Z会出版編集部 編 | 株式会社Z会 | 第一章・第二章のみ学習。「現代文のステップ2」までを、終えておく必要がある |
| 石川 晶康、溝田 正弘、神原 一郎、桑山 弘 | 河合出版 | 模範解答が長い場合、それ全体を覚えるのは「非現実的」。模範解答を要約し、それを覚える。その後、周辺情報を肉付けする |
| 安藤 達朗 | 駿台文庫 | 模範解答が長い場合、それ全体を覚えるのは「非現実的」。模範解答を要約し、それを覚える。その後、周辺情報を肉付けする |

※「★印」がついている「参考書」は、「大学受験」以外にも、社会人が勉強する際の「効率的な学び直し」に最適です。

| 著者 | 出版社 | 勉強方法 |
|---|---|---|
| 綿引 弘、ほしの ちあき、小杉 あきら | 三笠書房 | 気楽に読んでみる |
| 綿引 弘、ほしの ちあき、小杉 あきら | 三笠書房 | 気楽に読んでみる |
| 綿引 弘、ほしの ちあき、小杉 あきら | 三笠書房 | 気楽に読んでみる |
| 年森 寛 | 山川出版社 | 解きながら覚える。そのやり方が苦しい場合は、先に答えを見てから、読み込む |
| Z会出版編集部 編 | 株式会社Z会 | 解きながら覚える。単に問題を解いて終わりではなく、解説を読み込む |
| Z会出版編集部 編 | 株式会社Z会 | 「現代文のステップ2」を終えておく必要がある |
| 中谷 臣 | 旺文社 | 模範解答が長い場合、それ全体を覚えるのは「非現実的」。模範解答を要約し、それを覚える。その後、周辺情報を肉付けする |
| 蓮實 重彦、山内 昌之 | 東京大学出版会 | 読み物。余力がある人はじっくり読み込む |

## 「日本史」　9割式勉強法が厳選した参考書

| ステップ | レベル | 書名 |
|---|---|---|
| ステップ1　★ | （基礎） | 超速!最新日本史の流れ―原始から大政奉還まで、2時間で流れをつかむ!（大学受験合格請負シリーズ―超速TACTICS） |
| ステップ1　★ | （基礎） | センター試験への道日本史問題と解説―日本史B |
| ステップ2 | （センター試験） | 日本史B一問一答―完全版（東進ブックス―大学受験高速マスターシリーズ） |
| ステップ3 | （早慶のみ） | 実力をつける日本史100題［増訂第2版］ |
| ステップ3 | （東大） | 段階式 日本史論述のトレーニング |
| ステップ3　★ | （東大） | "考える"日本史論述―「覚える」から「理解する」へ（河合塾SERIES） |
| ステップ3 | （東大） | 日本史講義2 時代の特徴と展開 |

## 「世界史」　9割式勉強法が厳選した参考書

| ステップ | レベル | 書名 |
|---|---|---|
| ステップ1　★ | （基礎） | マンガ世界の歴史がわかる本「フランス革命～二つの世界大戦」篇 |
| ステップ1　★ | （基礎） | マンガ世界の歴史がわかる本「古代四大文明～中世ヨーロッパ」篇 |
| ステップ1　★ | （基礎） | マンガ世界の歴史がわかる本「大航海時代～明・清帝国」篇 |
| ステップ2 | （センター・地方国公立） | センター試験への道世界史問題と解説―世界史B |
| ステップ3 | （早慶のみ） | 実力をつける世界史100題［増訂第2版］ |
| ステップ3 | （東大） | 段階式 世界史論述のトレーニング |
| ステップ3 | （東大） | 中谷の世界史論述練習帳―合格点への最短距離（大学受験Do series） |
| ステップ3　★ | （東大） | いま、なぜ民族か |

※「★印」がついている「参考書」は、「大学受験」以外にも、社会人が勉強する際の「効率的な学び直し」に最適です。

| 著者 | 出版社 | 勉強方法 |
|---|---|---|
| 山岡 信幸 | ナガセ | 気楽に読んでみる |
| 山岡 信幸 | ナガセ | 気楽に読んでみる |
| 権田 雅幸、佐藤 裕治 | 語学春秋社 | まずは気楽に読んでみる。その上で、用語をしっかり暗記していく |
| 権田 雅幸、佐藤 裕治 | 語学春秋社 | まずは気楽に読んでみる。その上で、用語をしっかり暗記していく |
| | 河合出版 | 解説が詳しく、解きながら基本事項の習得ができる |
| Z会出版編集部 編 | 株式会社Z会 | 新聞の国際面の記事も意識して読む |
| 武井 明信、武井 正明 | 学生社 | 難関国公立向き |

※「★印」がついている「参考書」は、「大学受験」以外にも、社会人が勉強する際の「効率的な学び直し」に最適です。

| 著者 | 出版社 | 勉強方法 |
|---|---|---|
| 石井 克児 | 中経出版 | まずは気楽に読んでみる。その上で覚えようと意気込むより理解しようと読んでみる。「現代文のステップ1」はクリアしておきたい |
| 大塚 哲 | 学習研究社 | 解きながら覚える |
| 内山 洋 | 文英堂 | 解きながら覚える |
| 清水 雅博 | 東進ブックス | 解きながら覚える |
| 清水 雅博 | ナガセ | じっくり読んで、経済理論を理解する |
| | | 「日本国憲法」の条文を覚える |
| 昼神 洋史、金城 透 | 旺文社 | 解きながら覚える |

## 「地理」　9割式勉強法が厳選した参考書

| ステップ | レベル | 書名 |
|---|---|---|
| ステップ1　★ | （基礎） | 山岡の地理B教室―大学受験地理（Part1）（東進ブックス―気鋭の講師シリーズ） |
| ステップ1　★ | （基礎） | 山岡の地理B教室―大学受験地理（Part2）（東進ブックス―気鋭の講師シリーズ） |
| ステップ2 | （センター・地方国公立） | 権田地理B講義の実況中継―大学入試（上） |
| ステップ2 | （センター・地方国公立） | 権田地理B講義の実況中継―大学入試（下） |
| ステップ2 | （センター・地方国公立） | マーク式基礎問題集32　地理B |
| ステップ3 | （東大・早慶） | 実力をつける地理100題［増訂第2版］ |
| ステップ3 | （東大） | 記述論述地理B―入試対策と速攻 |

## 「政経」　9割式勉強法が厳選した参考書

| ステップ | レベル | 書名 |
|---|---|---|
| ステップ1　★ | （基礎） | パワーUP版 センター試験 政治・経済の点数が面白いほどとれる本 |
| ステップ1 & 2 | （基礎・センター・地方国公立） | 短期集中完成スピードチェック政治・経済 |
| ステップ1 & 2 | （基礎・センター・地方国公立） | 勝てる！センター試験政治・経済問題集2010年（シグマベスト） |
| ステップ3 | （早稲田） | 政経問題集―大学受験（2007～2009） |
| ステップ3　★ | （早稲田） | 清水の新経済攻略経済理論と時事―大学受験政経・現社（東進ブックス―名人の授業） |
| ステップ3　★ | （早稲田） | http://constitution.at.infoseek.co.jp/ |
| ステップ3 | （早稲田） | 政治・経済標準問題精講 3訂版 |

※「★印」がついている「参考書」は、「大学受験」以外にも、社会人が勉強する際の「効率的な学び直し」に最適です。

| 著者 | 出版社 | 勉強方法 |
|---|---|---|
| 鈴木 誠治 | 中経出版 | 回答のプロセスを自分で書いて、一つ一つプロセスを理解していく。繰り返すことで習熟していく |
| | 河合出版 | 解きながら覚える。解いた後は、解説をじっくり読み込む |
| | 河合出版 | 解きながら覚える。解いた後は、解説をじっくり読み込む |

※「★印」がついている「参考書」は、「大学受験」以外にも、社会人が勉強する際の「効率的な学び直し」に最適です。

| 著者 | 出版社 | 勉強方法 |
|---|---|---|
| 岡野 雅司 | ナガセ | まずは気楽に読む。その上で『一問一答まる覚え化学Ⅰ』(中経出版)と並行しながら学習する |
| 岡野 雅司 | ナガセ | まずは気楽に読む。その上で『一問一答まる覚え化学Ⅰ』(中経出版)と並行しながら学習する |
| 西村 能一 | 中経出版 | 解きながら覚える |
| | 河合出版 | 解きながら覚える。解いた後は、解説をじっくり読み込む |
| | 河合出版 | 解きながら覚える。解いた後は、解説をじっくり読み込む |
| | 河合出版 | 解きながら覚える。解いた後は、解説をじっくり読み込む |

## 「センター物理」9割式勉強法が厳選した参考書

| ステップ | レベル | 書名 |
|---|---|---|
| ステップ1　★ | （基礎） | パワーUP版 センター試験 物理Iの点数が面白いほどとれる本 |
| ステップ2 | （センター試験） | マーク式基礎問題集21　物理I |
| ステップ2 | （センター試験） | マーク式基礎問題集22　物理I |

## 「センター化学」9割式勉強法が厳選した参考書

| ステップ | レベル | 書名 |
|---|---|---|
| ステップ1　★ | （基礎） | 岡野の化学をはじめからていねいに―大学受験化学（理論化学編）（東進ブックス―気鋭の講師） |
| ステップ1　★ | （基礎） | 岡野の化学をはじめからていねいに―大学受験化学（無機・有機化学編）（東進ブックス―気鋭の講師） |
| ステップ1　★ | （基礎） | 一問一答まる覚え化学I |
| ステップ2 | （センター試験） | マーク式基礎問題集23　化学I |
| ステップ2 | （センター試験） | マーク式基礎問題集24　化学I |
| ステップ2 | （センター試験） | マーク式基礎問題集25　化学I |

※「★印」がついている「参考書」は、「大学受験」以外にも、社会人が勉強する際の「効率的な学び直し」に最適です。

| 著者 | 出版社 | 勉強方法 |
|---|---|---|
| 高田 清吉 | 学習研究社 | 気楽に読む |
| 大森 徹 | 文英堂 | 解きながら覚える |
| | 河合出版 | 解きながら覚える。解いた後は、解説をじっくり読み込む |

※「★印」がついている「参考書」は、「大学受験」以外にも、社会人が勉強する際の「効率的な学び直し」に最適です。

| 著者 | 出版社 | 勉強方法 |
|---|---|---|
| 垣内 貴志 | 中経出版 | 気楽に読む |
| 青木 秀紀 | 中経出版 | 解きながら覚える |
| | 河合出版 | 解きながら覚える。解いた後は、解説をじっくり読み込む |

## 「センター生物」9割式勉強法が厳選した参考書

| ステップ | レベル | 書名 |
|---|---|---|
| ステップ1 ★ | (基礎) | センター力UP!はじめからわかる生物1(センター力UP!はじめからわかるシリーズ18) |
| ステップ2 ★ | (センター試験) | 大森徹のセンターはこれだけ!生物1 演習/実験・考察編 新装(シグマベスト) |
| ステップ2 | (センター試験) | マーク式基礎問題集26　生物I |

## 「センター地学」9割式勉強法が厳選した参考書

| ステップ | レベル | 書名 |
|---|---|---|
| ステップ1 ★ | (基礎) | センター試験地学の点数が面白いほどとれる本 |
| ステップ2 | (センター試験) | センター試験 地学I よく出る過去問トレーニング |
| ステップ2 | (センター試験) | マーク式基礎問題集27　地学I |

| 著者 | 出版社 | 勉強方法 |
|---|---|---|
| 漆原 晃 | 中経出版 | 回答のプロセスを自分で書いて、一つ一つプロセスを理解していきます。繰り返すことで習熟していきます |
| 漆原 晃 | 中経出版 | 回答のプロセスを自分で書いて、一つ一つプロセスを理解していきます。繰り返すことで習熟していきます |
| 漆原 晃 | 中経出版 | 回答のプロセスを自分で書いて、一つ一つプロセスを理解していきます。繰り返すことで習熟していきます |
| 漆原 晃 | 旺文社 | 解きながら覚える。解いた後は解説をじっくり読み込む |
| 漆原 晃 | 旺文社 | 解きながら覚える。解いた後は解説をじっくり読み込む |
| 漆原 晃 | 中経出版 | 解きながら覚える。解いた後は解説をじっくり読み込む |

| 著者 | 出版社 | 勉強方法 |
|---|---|---|
| 二見 太郎 | 学研 | まずは気楽に読む。一問一答まる覚え化学IIと並行しながら学習する |
| 西村 能一 | 中経出版 | 解きながら覚える。解いた後は解説をじっくり読み込む |
| 下田 文雄、生田 泰朗、前田 由紀子 | 河合出版 | 解きながら覚える。解いた後は解説をじっくり読み込む |
| 山本 悦子 | 中経出版 | 解きながら覚える。解いた後は解説をじっくり読み込む |
| 尾野 光夫 | Z会出版 | 解きながら覚える。解いた後は解説をじっくり読み込む |
| 尾野 光夫 | Z会出版 | 解きながら覚える。解いた後は解説をじっくり読み込む |

## 「理系　物理II」9割式勉強法が厳選した参考書

| ステップ | 用途 | 書名 |
| --- | --- | --- |
| ステップ1 | （基礎） | 大学入試 漆原晃の物理1・2力学・熱力学編が面白いほどわかる本 |
| ステップ1 | （基礎） | 大学入試 漆原晃の物理1・2波動・原子編が面白いほどわかる本 |
| ステップ1 | （基礎） | 大学入試 漆原晃の物理1・2電磁気編が面白いほどわかる本 |
| ステップ2 | （センター・地方国公立・マーチ） | 漆原晃の物理　物理I・II明快解法講座―合格点への最短距離（大学受験Do Series） |
| ステップ3 | （早慶・旧帝大） | 漆原晃の物理　物理I・II応用実戦講座―合格点への最短距離（大学受験Do Series） |
| ステップ3 | （早慶・旧帝大） | 難関大突破　究める物理I・II |

※上記理系物理の監修者は、理系指導のプロフェッショナルである
GLS予備校校長　原田将孝先生になります。

## 「理系　化学II」9割式勉強法が厳選した参考書

| ステップ | 用途 | 書名 |
| --- | --- | --- |
| ステップ2 | （センター・地方国公立・マーチ） | 二見太郎の超基礎理科塾 早わかり化学〈2〉（大学受験超基礎シリーズ） |
| ステップ2 | （センター・地方国公立・マーチ） | 一問一答まる覚え化学2（合格文庫16） |
| ステップ2 | （センター・地方国公立・マーチ） | チョイス新標準問題集化学I・II（河合塾SERIES） |
| ステップ3 | （早慶・旧帝大） | 難関大突破 究める化学I・II |
| ステップ3 | （早慶・旧帝大） | 実力をつける化学　理論編　【改訂版】 |
| ステップ3 | （早慶・旧帝大） | 実力をつける化学　無機・有機編　【改訂版】 |

※上記理系化学の監修者は、理系指導のプロフェッショナルである
GLS予備校校長　原田将孝先生になります。

| 著者 | 出版社 | 勉強方法 |
|---|---|---|
| 文英堂編集部 | 文英堂 | まずは気楽に読む |
| 大森 徹 | 駿台文庫 | 解きながら覚える。解いた後は解説をじっくり読み込む |
| 松尾 友香 | 中経出版 | 解きながら覚える。解いた後は解説をじっくり読み込む |
| 大町 尚史 | 旺文社 | 解きながら覚える。解いた後は解説をじっくり読み込む |
| 佐野 芳史 | 駿台文庫 | 解きながら覚える。解いた後は解説をじっくり読み込む |
| 浅賀 恵利子 | 駿台文庫 | 解きながら覚える。解いた後は解説をじっくり読み込む |

| 著者 | 出版社 | 勉強方法 |
|---|---|---|
| 大吉 巧馬 | 中経出版 | 回答のプロセスを自分で書いて、一つ一つプロセスを理解していきます。繰り返すことで習熟していきます |
| 安光 秀生、長岡 亮介 | 旺文社 | 解きながら覚える。解いた後は解説をじっくり読み込む |
| Ｚ会出版編集部 編 | Ｚ会出版 | 解きながら覚える。解いた後は解説をじっくり読み込む |
| 浅見 尚 | 学習研究社 | 解きながら覚える。解いた後は解説をじっくり読み込む |
| 浅見 尚 | 学習研究社 | 解きながら覚える。解いた後は解説をじっくり読み込む |
|  | 東京出版 | 解きながら覚える。解いた後は解説をじっくり読み込む。＜ご注意＞この本は時期によってはほとんどの場合中古本しか出回っておりません。amazonで売っている場合が多いです |

## 「理系　生物II」9割式勉強法が厳選した参考書

| ステップ | 用途 | 書名 |
|---|---|---|
| ステップ2 | （センター・地方国公立・マーチ） | 高校これでわかる生物2（シグマベスト） |
| ステップ2 | （センター・地方国公立・マーチ） | 理系標準問題集生物 3訂版（駿台受験シリーズ） |
| ステップ2 | （センター・地方国公立・マーチ） | 「大学入試生物I・II　考察問題」の点数が面白いほどとれる問題集 |
| ステップ3 | （早慶・旧帝大） | 入試に出る生物苦手問題113題の解き方（大学入試理科解き方シリーズ） |
| ステップ3 | （早慶・旧帝大） | 生物実験考察問題入門（駿台受験シリーズ） |
| ステップ3 | （早慶・旧帝大） | 実力をつける生物　【改訂版】 |

※上記理系生物の監修者は、理系指導のプロフェッショナルである
GLS予備校校長　原田将孝先生になります。

## 「理系　数学３C」9割式勉強法が厳選した参考書

| ステップ | 用途 | 書名 |
|---|---|---|
| ステップ2 | （センター・地方国公立・マーチ） | 大吉巧馬の ゼロから始める入試対策 数学III・C（数学が面白いほどわかるシリーズ） |
| ステップ2 | （センター・地方国公立・マーチ） | 本質の解法数学III・C〈行列・曲線〉―Core & block |
| ステップ3 | （早慶・旧帝大） | 理系数学 入試の核心 標準編 |
| ステップ3 | （早慶・旧帝大） | 国公立大学理系学部への数学I・A・II・B（難関突破 VBOOKS） |
| ステップ3 | （早慶・旧帝大） | 国公立大学理系学部への数学3・C（難関突破 VBOOKS） |
| ステップ3 | （早慶・旧帝大） | 大学への数学入試の軌跡　（軌跡シリーズ） |

※上記理系数学の監修者は、理系指導のプロフェッショナルである
GLS予備校校長　原田将孝先生になります。
理系の勉強について、より深く理解されたい方は、原田将孝著『親と子の最新大学受験情報講座　理系編』（ディスカヴァー・トゥエンティワン）をお読みください。

抗議する人もいるようですが、難関校のレベルに達したいのであれば、基礎をしっかりかためて、難関校レベルまで知識を積み重ねていかなければいけません。ということは、上を狙えば狙うほど、「基礎の部分が重要になってくる」のではないでしょうか？

**常にどこかで「焦り」や「不安」を感じている受験生は「基礎の重要性」や「レベルを落とすことの大切さ」に気づけないものです。**

私が生徒としてお世話になった１カ月半、私は一度もメンタル面での相談メールを利用しませんでした。ですが、いざ指導する側に回ってみると、生徒さんからたくさんのメールをいただきます。

そのとき、「同じ受験生であっても、一人ひとりとらえ方や考え方が違う」ということを感じさせられます。当時の自分はなんとも思わなかったことでも、受験生によっては、深刻な悩みとなる場合がある。悩みは、人それぞれ違う。さまざまな悩みを抱えた生徒とかかわることで、私自身、日々勉強させていただいています。

自分も一度同じ経験をしたことがあるからこそ、役に立てることがたくさんあるのだと、強く思いました。

（板坂未夢　早稲田大学・商学部）

VICTORY VOICE 9

# 合格者の声⑨

## 基礎をかためる参考書こそ、受験に役立つ

私が「9割式勉強法」にお世話になったのは、受験が間近に迫った「ラストの1カ月半」でした。

先生は、「ラストの1カ月半」で学ぶべき参考書を厳選してくださいました。

提示された参考書は驚くべきものばかり。なぜなら、到底自分では目をつけなかったような、「マイナーで、基礎的な参考書」だったからです！

私はそれ以前、「早慶上智レベル・私大上級」などと書かれている参考書、書店の店頭で平積みされている参考書、「ベストセラー」といったキャッチコピーがついている参考書を選んでいました。

ですが、今教える側になって（現在は、早稲田大学商学部生）わかるのは、**「難関校を受けるからといって、そのレベルの参考書をやればいいというわけではない」**ということです。

ベストセラーは、会社や著者の知名度が大きく影響していて、必ずしも受験生が理解しやすいわけではありません。

松原先生は、難関校を受験する生徒さんにも「中学生レベル」の参考書を提示することがあります。生徒のなかには「中学生の参考書？　ふざけないでください」と

# おわりに

　春になるたびに「いつかの自分」の姿を生徒のなかに重ね合わせ、胸が熱くなる思いを体験させてもらっています。そして僕もまた、「次の僕」を目指して頑張ろうと勇気を貰っています。

　あなたにしか手に入れることのできない輝かしい未来があります。今あなたは「辛い逆境」のなかにいるのかもしれません。でも未来を信じて生きようとしたときに、その「未来をもたらす出会い」が必ず生まれます。「1冊の本」との出会いも含めて。

**ふとした瞬間に触れた「1冊の本が」、人の人生を大きく変えることがあります。**

約14年前。僕は趣味だった「ラジコンの雑誌」を買いに、なけなしの600円を握り締め、今はなき地元福岡県大牟田市にあった書店「金善堂」に向かいました。

書店に着き、お目当ての本を見つけて、レジに向かおうとしたそのとき、ひとつの「宣伝のPOP（看板）」が目に留まりました。

**「話題の受験本　これで君も東大にいける!?『受験は要領』和田秀樹著」**

当時の僕は、成績が低く、大学受験にまったく希望を持たないでいました。そしてこの日は、毎月楽しみにしている「月刊のラジコン雑誌」のことで頭がいっぱい。

でも、そのあと自分でも信じられない行動を起こしました。なんと、「ラジコン雑誌」を元の場所において、その600円で、『受験は要領』の本を買ったのです。

「要領を知らないから成績が悪かったんだ！　僕もこの本で一流大学にいけるかも！」

胸躍る気持ちで、その本を買い、本をもとに自分なりのアレンジを加えながら忠実に勉強をした結果、偏差値は急上昇しました。

何より1日10分も勉強するのが嫌いだった男が、1日17時間苦もなく勉強を続けることができるようになったのです。

そして、あの瞬間から14年経った今、**僕は当時の僕に境遇の似た、「地方で、予備校に通えない、成績が上がらない」生徒を指導する、携帯電話とパソコンを使った「インターネット予備校ロジック」http://www.netaruze.com/mobileと、「早慶合格実践会」http://miraken.comを主催し、全国で指導しています**。今では地方の教育を盛り上げていこうと、同志とともに奮闘する日々です。

僕の今があるのは、「金善堂」の書店員さんがつくってくれた「宣伝のPOP（看板）」のおかげ…、「1冊の本との出合い」があってこそなのです。

まったく無縁の世界であった「大学受験」と自分とをつないでくれた「1枚のPOP」と「1冊の本」。

これによって、僕は「成長」できたと確信を持っていえます。「1冊の本」が人生を変えてくれたのです。

ここまでお読みいただいてありがとうございました。

**本書があなたにとって「人生を変える1冊」となることを心から祈っています**。

そして『9割受かる勉強法』が「DVD化」しました！　全国の「TSUTAYA（一部店舗除く）」で好評レンタル中です。詳しくは「TSUTAYAビジネスカレッジのサイト（http://tsutaya-college.jp/）」よりご確認下さい。

さて、最後にこの本が生まれるにあたって、僕を支えてきてくれた方々に御礼申し上げます。

まず私立大牟田高校・進路指導部長の井田信也先生。先生との出会いがなければ、僕は変われなかったと思います。先生からいただいたあのときの「言葉」が今の僕の原点です。

志々田先生。開成番長の繁田先生、ドリームネットの福盛先生。GLS予備校原田校長、天流先生。いつもご指導いただき本当にうれしく思います。今後とも何卒よろしくお願い申し上げます。

いつも一緒に会社を支えてくれている皆へ。

毎度、深夜にまで及ぶ長時間の指導、本当にありがたいです。

とくに早稲田大学法学部の末宗達行さん、東京大学文科Ⅱ類の内田洋平さん、慶應義塾大学経済学部の山口範さんには、この本の執筆に多大なご協力をいただき心より御礼を申し上げます。ありがとうございました。

いつも未熟な僕を応援してくれる当社会長の竹野孔にも、この場を借りて御礼申し上げます。ありがとうございます。

そしてここまで僕を温かい目で見守ってくれた家族と親友に。本当にいつもありがとう。これからもよろしくお願いします。

また、最後になりましたが、本書の作成にご助力いただきましたクロロスの藤吉豊さん、編集担当者である（株）ダイヤモンド社の飯沼一洋さんには、大変お世話になりました。お2人の多大なご尽力がなければ、本書は日の目を見ることはなかったことでしょう。この場をお借りして、心よりお礼を申し上げます。

2010年2月

9割式勉強法マイスター　松原　一樹

［著者］

**松原 一樹**（まつばら　かずき）

（株）未来研究所　代表取締役。

1981年3月生まれ。中学時代、登校拒否を起こし、当時偏差値39の私立高校へ入学。

高校1年時に全科目0点で「偏差値29」を取り、勉強に打ち込むことを決意する。その後、4年間で1万2000時間以上という、極端に長時間の非効率的な学習を行なう。その結果、当時の「進研模試」では英数国の偏差値75、とくに数学は偏差値90以上をマークし、所属科で創設以来の高校2年生からの「特待奨学生（学費全額免除）」になる。

2000年4月、早稲田大学人間科学部に入学。大学在学中は「受験指導者」として生徒と向かい合った。受験時代、「効率」を知らないがために莫大な時間を費やしてしまった経験から、具体的な科目の内容を教えることよりは、志望校合格のための「全科目の学習プランの作り込み」と「心理特性に合わせた学習指導」に力を入れ指導を行なう。自学自習のサポートを中心にすえて、当時、自らも大学生ながら、受け持った受験生60人全員を合格へ導いた（うち、東大12名、早慶42名）。

早稲田大学卒業後に旧UFJ銀行と旧東京三菱銀行の経営統合にともなう「大型IT案件」に従事。そこで得た「システム思考」を学習指導に取り入れ、携帯電話とパソコンを使い、予備校のない地方や、遠方の生徒向けに特化して「都市部に遜色のない大学受験指導」を受けられるようなしくみを構築、日々改良を加えつつ実践している。

■【松原一樹が主催する「インターネット予備校ロジック」「早慶合格実践会」】■

「インターネット予備校ロジック」http://www.netaruze.com/mobile
「早慶合格実践会」http://miraken.com

インターネット予備校ロジック　　　早慶合格実践会

# 9割受かる勉強法

2010年2月18日　第1刷発行
2011年3月23日　第8刷発行

著　者——————松原　一樹
発行所——————ダイヤモンド社
〒150-8409　東京都渋谷区神宮前6-12-17
http://www.diamond.co.jp/
電話／03·5778·7236（編集）03·5778·7240（販売）
装丁——————重原 隆
本文デザイン・DTP——マッドハウス
製作進行——————ダイヤモンド・グラフィック社
印刷——————勇進印刷（本文）・共栄メディア（カバー）
製本——————本間製本
編集担当——————飯沼一洋


ISBN 978-4-478-01285-7